현장의 리더,

이야기와 만나다

현장의 리더, 이야기와 만나다

초판 1쇄 발행 2025년 6월 3일

지은이 최현락

펴낸곳 컨텐츠조우 펴낸이 최재용
편집/교정 김솔지
전화 02)310-9775 **팩스** 02)310-9772 **전자우편** jowoocnc@gmail.com
주소 경상북도 김천시 어모면 산업단지 4로 113-5
출판등록 2018년 3월 29일 제 25100-2018-000025호

© CHOI HYUN RAK 2025, Printed in Korea

ISBN 979-11-91173-10-9 03120

현장의 리더,

이야기와 만나다

최현락 지음

Prologue

"칭찬은 폭풍처럼, 충고는 봄바람처럼"

벽산 리더십 워크숍을 마무리하며 나온 문장이다. 오전 9시부터 오후 5시까지 벽산의 리더 60여 명이 호텔 콘퍼런스장에 모였다. 공장 운영을 책임지고, 영업을 담당하고, 연구소에서 신제품을 개발하고, 재무와 경영을 책임지고 있는 리더들이다. 일 년에 한 번 얼굴 보기조차 힘든 이들이 시간을 내 한자리에 모였다.

　　마치 시 구절 같은 문장이 완성됐다. 리더들은 자신이 완성한 문장을 바라보며 뿌듯한 미소를 지었다. 콘퍼런스장 사면에는 리더들이 온종일 애쓴 흔적들이 남아있다. 그 앞에서 사진을 찍는 사람도 있고 연신 문장을 다듬는 리더도 있다.

나는 현장에서 일하는 리더들을 존경한다. 2008년부터 현장에서 흘리는 눈물을 보아온 까닭이다. 이제 갓 삼십 대를 넘어선 리더들은 장사를 시작하고 살아남기 위해 몸부림을 치고 있었다. 일희일비! 하루 웃고 하루 우는 날이 이어졌다. 그만큼 장사는 고되고 기다리는 손님은 오지 않았다. 우리는 그 고된 현장에서 전우애로 뭉쳐 아침을 열었다.

현장에서 일하는 사람에게 책이 눈에 들어올 리야 없지만 그래도 나는 리더들과 책을 읽었다. 리더는 리더이기 때문이다. 지금 그들은 어엿한 사업가가 되었다. 청년 자영업자가 이제 중년의 사업가로 변신하여 업계에 선한 영향력을 미치고 있다. 바라만 보아도 배부르다.

한 번은 이대 근처 편의점 앞에서 두 명의 리더와 함께 커피를 홀짝거리며 서로 하소연을 늘어놓았다. 그날따라 폭풍이 오려는지 편의점 앞 파라솔이 날아갈 정도로 바람이 세차게 불었다. 그런 난리 블루스에도 아랑곳하지 않고 우리는 고난 베틀을 이어갔다. 서로의 상처 자국을 드러내며 청년 사업가들은 울먹이고 한숨짓고 그래도 살아보자며 서로를 다독였다.

나는 다시 한번 현장의 사람에게 경의를 표한다. 그들은 존경받아 마땅하다. 가족을 먹여 살리기 위함이든 아니면 그저 자신의 꿈을 이루기 위해서든 아니면 업계를 바꾸기 위해서든 현장에서 우직하게 일하며 뚝심으로 그 모든 난관을 돌파하고 여전히 현장을 지키는 리더는 박수받아 마땅하다.

돈보다 중요하게 많다는 흔한 충고 따위는 접어두라. 돈이 아니면 무엇 때문에 그리 열심히 일하는가? 그런 하나 마나 한 얘기는 하고 싶지 않다. 당장 이 글을 쓰기 위해 노트북을 꺼내 전원을 켜고 한 글자 한 글자 적어가는 순간에도 전등불을 밝히고 노트북에 전원이 공급되는 이 모든 순간에 돈이 든다.

내가 잠든 사이에도 누군가는 현장에서 우리의 안전을 위해 일하고 있다. 그들에게 수고의 대가로 돈이 지급되는 것이다. 당연히 그래야 한다. 그 돈으로 아이들을 키운다. 그 돈으로 도로가 나고 다리가 세워지고 도서관이 건립되고 공원이 조성된다. 먹고살기 위해 어쩔 수 없이 나가는 직장이라도 거기서 번 돈으로 우리는 함께 살아간다.

TV 브라운관에는 유통기한이 한참 지나 시들고 먼지에 뒤덮인 식자재가 한가득이다. 내 식구들 입으로 들어간다고 생각하면 이런 재료 쓰겠느냐는 한탄이 들린다. 설마 저런 쓰레기로 음식을 만들지는 않았겠지! 설마가 사람 잡는다. 사람들이 분노하는 지점은 자기 식구들에게 먹일 수 없는 음식을 다른 집 식구들에게는 돈을 받고 팔아먹으려 한 그 파렴치함이다.

돈을 받으면 프로다. 프로야구 김성근 감독의 일갈이다. 적어도 돈 받은 만큼은 하면서 살자는 다짐일는지도 모르겠다. 돈이 안 아깝다! 심지어 이렇게 장사해서 뭐가 남으시나. 손님들이 먼저 걱정한다. 더 낼 수도 있다고 배포 좋게 말하는 이도 있다. 손님이 팬이 되는 순간이다.

공교롭게도 2024년 한글날 바로 다음 날 스웨덴 한림원에서 노벨 문학상 수상자로 한강 작가를 호명했다. 한 출판사 직원들은 스웨덴 한림원 발표를 앞두고 초조한 마음으로 기다리고 있는 장면을 유튜브로 실시간 중계했다. 드디어 수상자 이름이 발표된다. 분명 한국인의 이름이었다. 출판사 직원들은 한강 작가의 이름을 듣고는 자신들이 맞게 들은 것인지 고개를 갸우뚱한다. 영어로 다시 발표가 이어지자 그제야 탄성이 터진다. 믿을 수 없다는 듯이 서로를 바라보며 울먹인다.

이 글을 쓰는 지금 반나절 만에 한강 작가의 책이 30만 부나 나갔다는 소식이 들려온다. 내 책이 팔린 것만큼이나 기쁘다. 한림원과 인터뷰에서 한강 작가는 자신의 수상은 수많은 한국 작가들이 함께 이뤄낸 성취임을 분명히 밝힌다. 이것이 작가의 품격이다.

우리는 결코 혼자 일하지 않는다. 프리랜서가 됐든 조직에 속해 있든 사기업이든 공기업이든 상관없이 우리는 함께 일한다. 작업실 안에서 온종일 글을 쓰는 작가도 앞선 시대와 동시대의 작가들과 함께 협업하여 작품을 낸다. 한강 작가의 노벨상 수상은 그동안 한글로 글을 써온 이 땅의 수많은 작가가 함께 이룬 성취다. 현장에서 글을 쓰고 있는 작가 모두에게 나는 경의를 표한다.

리더는 함께 사는 세상을 만들어가는 이들이다. 같이 길을 걷는 길동무가 안심하고 도란도란 얘기하며 걸을 수 있도록 반 발작 앞서가며 길을 안내하는 이다. 그들에게는 이야기가 있다. 앞선 이들에게 들은 이야기, 함께 걷다 보니 듣게 된 이야기, 몸으로 겪어낸 이야기, 그런 이야기가 있다.

이야기꾼인 리더는 그래서 삶의 증인인 셈이다. 예수도 이야기꾼이었다. 비유가 아니면 말씀하지 않으셨다는 성서의 증언에 따르면 그분은 타고난 이야기꾼이었다. 리더는 이야기와 만나 이제는 이야기가 된 사람이다. 나는 그들의 삶을 증언하고자 이 책을 썼다.

부디 이 책으로 이야기와 만나시길! 그리고 자신만의 이야기를 써나가시길 그래서 우리가 이야기의 끝에서 서로 만나 확인할 수 있게 되길 바라고 또 바란다.

'현장의 리더, 이야기와 만나다' 사용 설명서

우선 책을 기획하게 된 계기를 말해 보자. 이십 년 차 코치인 나는 주로 그룹 코칭 영역에서 활동하고 있다.

대표적으로 알려진 사례는 e-스포츠팀인 T1이다. 2021년부터 2023년까지 1군이라고 할 수 있는 LCK팀과 코치진 그리고 임원들을 코칭했다. 시즌 전 종일 이어진 그룹 코칭에서 나는 조직문화를 강화하는 T1 팀 코칭을 진행했다.

어느 조직이든 일주일만 일해 보면 하면 안 되는 일이 뭔지 깨닫게 된다. 사람들은 대게 위험 회피 성향이 있으므로 기가 막히게 위험 요소를 찾아낸다. 이런 걸 흔히 불문율이라고 한다. 물론 기록되어 있지는 않다. 그저 암묵적으로 동의하고 그에 따라 일하다 보니 조직 내에서는 그렇게 하는 게 자연스럽(?)다.

대부분 조직이 겪는 고질병이다. 말을 안 하니 처음 조직에 들어간 사람은 어리둥절할 수밖에 없다. 딱히 누가 말로 설명해 주는 것도 아니다. 슬기로운 직장생활을 위해서는 불편한 몸짓과 흔들리는 눈빛을 통해 간접적으로 전달되는 메시지를 해석해야 하는 고난도 적응 기술이 필요하다.

요행이 안착하는 사람도 있지만, 실패하는 사람도 있다. 처음부터 삐걱거리면 조직에 안 맞는다는 평가를 받는다. 눈치껏 알아서 처신해야 하는데 그 알아야 할걸 알 길이 없으니 평가당하는 사람 측면에서는 억울하기 그지없다. 계약서를 작성하거나 직무교육이나 신입 사원 연수 때는 전혀 언급조차 되지 않은 암묵적인 규율을 알아서 파악해야 하니 말이다.

마치 숨은 그림 찾기 같고 그림자밟기 놀이 같다. 이건 비단 기업만의 문제는 아니다. 작은 조직이라고 할 수 있는 가정에서도 빈번히 일어나는 일이다.

연애할 때는 몰랐던 배우자의 가족 문화가 있다. 우리 집에서는 아무렇지도 않은 것이 배우자의 집에서는 문제가 되는 경우가 생각보다 많다. 뭔가 이상하다 싶을 때 짚고 넘어가면 괜찮았을 것을 이번엔 내가 참지 모드로 몇 번을 버티는 사이 오해가 싹트고 관계는 파국을 맞는다. 이혼을 결심하는 위기의 부부들은 대부분 이런 경험을 토로하곤 한다.

무엇이 문제인가? 감히 주저 없이 말하건대 조직문화에 답이 있다. 내가 생각하는 조직문화는 핵심가치와 규율이라는 두 단어로 구성된다. 핵심가치는 조직의 헌법과 같은 것이다. 가장 상위법이어서 이것에 의해 다른 하위 법들은 정당성을 부여받는다. 형법과 민법은 그것이 헌법에 위배되면 효력을 잃는다.

헌법이 기준이다. 조직에 있어서 헌법과 같은 역할을 하는 것이 조직의 핵심가치다. 대한민국이나 미국의 헌법을 살펴보라. 거기에는 국가의 핵심가치가 담겨 있다. 그렇다면 핵심가치란 또 무엇인가?

한마디로 말해 무엇을 할지 말지 선택하거나 결정할 때 기준이 되는 것이 핵심가치다. 우리는 살아가면서 무수히 많은 선택과 결정을 내린다. 이 책을 서점에서 집어 든 사람은 이 책을 살지 말지 선택한다. 책을 샀다고 다 읽는 것도 아니다. 내 시간을 투자해서 이 책을 처음부터 끝까지 정독할지 아니면 한번 훑어보고 필요한 부분만 찾아서 읽을지 선택한다.

이런 선택의 순간에 결정적인 역할을 하는 것이 핵심가치다. 이 책을 쓰게 된 이유도 이 핵심가치의 중요성과 핵심가치에 따라 올바르게 선택하는 법을 알리기 위해서다. 핵심가치가 불분명하면 개인이든 조직이든 선택과 결정이 느려지고 최종결정에 있어 주저하게 된다. 설사 어떤 선택을 했다손 치더라고 확신이 없어 매번 일관된 결정을 내리기 힘들다.

매번 이렇다 할 이유도 없이 이랬다 저랬다 하는 사람이나 조직을 과연 신뢰할 수 있는가? 소소한 일이라면 웃고 넘기거나 원래 그런 성격인가 보다 하고 이해할 수 있을지 모른다. 그러나 조직이 그렇게 돌아가면 일을 그르치고 사람이 상한다.

일을 그렇게 하기로 했다면 분명한 이유가 있어야 한다. 납득할 만한 타당한 이유 없이 결정된 일은 반드시 그 끝이 좋지 않다. 여기서 납득할 만한 타당한 이유가 바로 목적이다. 일하는 이유, 사업을 하는 이유인 것이다.

왜? 라는 질문은 과거를 향하나 '이유?'를 묻는 말은 미래를 향한다. 미래에 어느 지점으로 도달할지 그 목적지를 알기에 바른 선택을 할 수 있는 것이다. 이 목적지를 알려주는 방향타 역할을 하는 것이 핵심가치다.

이제 핵심가치가 분명해졌다면 규율로 넘어가 보자. 무엇을 해야 할지 하지 말아야 할지를 알려주는 것이 규율이다. 해야 할 것을 하면 보상이 따른다. 그에 반하여서 하지 말아야 할 것을 하면 페널티를 준다. 규율이 분명하면 조직이 목적에 따라 정렬된다. 진북을 행해 기세 좋게 치고 나가는 것이다.

규율이 흐트러져 있는 조직은 아노미 상태에 빠진다. 그때그때 미봉책에 불과한 임기응변으로 조직을 이끌다 보니 일이 틀어지면 책임질 게 두려워 복지부동이 조직 안에 생존술로 자리 잡는다.

이게 바로 무기력에 빠진 조직의 모습이다. 조직을 살리고 싶은가? 조직에 다시 활력을 불어넣고 싶은가? 그렇다면 규율부터 정비하라! 아노미 조직을 규율이 있는 조직으로 변화시키고 싶다면 핵심가치에 맞는 규율을 정리하면 된다.

조직문화에 조금이라도 관심이 있는 사람에게 지금까지 내가 한 설명은 상식이다. 만약 이런 정도의 이해도 없이 조직을 이끌고 있다면 그런 리더는 눈을 감고 운전하는 사람과 다를 바 없다. 따르는 사람이나 이끄는 사람 모두에게 조직문화에 대한 이해가 부족한 리더는 재앙의 다른 이름이 아니다.

리더라면 철저하게 조직문화를 재창조할 사명이 있다. 그래서 당신은 뭐 하는 사람입니까? 조직문화 코치로서 나는 종종 이런 질문을 받는다. 나는 리더가 조직문화를 재창조하여 조직이 사명을 이루도록 서포트하는 조직문화 컨설턴트이자 비즈니스 코치다.

이런 일을 하다 보니 핵심가치 카드를 만들어서 현장에서 활용하기도 하고, 퍼실리테이션 기법으로 핵심가치를 정리하여 미션 선언문을 만들기도 한다. 기껏 거창하게 얘기하더니 결국 사명선언문을 만들라는 뻔한 얘기냐고 할 분들도 꽤 있을 것이다.

맞다! 그 사명선언문이다.

나는 이 책을 읽는 분들이 어떤 배경에 있는지 알 수 없다. 그저 조금이라도 리더십에 관심이 있거나 조직문화에 관심이 있는 분이기를 바랄 뿐이다. 비즈니스 코치로, 조직문화 컨설턴트로, 영리와 비영리 단체 리더로 지난 20여 년간 현장에서 보낸 나는 수없이 많은 사명선언문을 만드는 일에 조력했다.

거금을 주고 컨설팅업체에 의뢰해 사명선언문을 만든 적도 있고, 전문 코치나 경영 컨설턴트에게 의뢰해 사명선언문을 받아 본 적도 있다. 지금도 내 노트북 안에는 내가 직접 받거나 다른 조직이 업체에 의뢰해 건네받은 사명 선언서가 한가득이다.

그렇게 받아 본 사명선언서들은 어쩌면 그렇게 하나 같이 닮은 꼴일까? 대부분 사명 선언서는 잘 차려진 한정식이나 미슐랭 별 3개에 버금가는 레스토랑의 코스 요리 같다. 그럴싸하지만 내 옷은 아닌 남들 보기 좋은 예의 차리기 위한 격식을 갖춘 예복 그 이상도 그 이하도 아니었다. 정제되어 있으나 어딘가에서 한 번쯤은 들어봤을 법한 문장들이 잔뜩 나열된 그런 선언문에 가슴 떨릴 사람은 많지 않을 것이다.

그래, 복잡하게 에둘러 말하지 말고 그냥 툭 터놓고 얘기하자. 그 사명선언문을 읽고 나는 가슴 떨리지 않았다. '그래! 이걸 위해 살고 이걸 위해 죽어야지!' 하는 그런 각오를 불러일으키는 사명 선언서는 없었다. 누군가에게 보여주기 위해 깔끔하게 메이크업한 사명 선언서는 벽에 붙여 놓아 봤자 인테리어 소품으로도 거추장스럽다.

리더란 모름지기 사명의 수호자다. 자신이 먼저 그 사명을 발견하고 그것을 지키려고 애쓸 때 조직은 거침없이 정방향으로 나아간다. 나라의 헌법을 지도자들과 국민이 만들지 않고 다른 나라 헌법이 괜찮다고 그대로 베껴 온다면 그런 헌법이 제 기능을 하겠는가? 모름지기 헌법에는 그 나라의 정신이 깃들여야 한다.

핵심가치를 수호하는 것은 리더의 처음이자 마지막 소명이다. 어떤 경우라도 이 소명을 붙들어야 한다. 리더는 눈에 보이지는 않지만 실제로 조직을 움직이는 정신의 수호자다.

그런 사명에 따라 조직의 핵심가치를 재창조하는 리더

에게는 Greatness(위대함), Integrity(통합성), Stigma(깨어짐), Disciple(숙련), Song(경탄)이라는 다섯 가지 핵심적인 리더십 원리가 깃들어 있다.

2장은 Integrity(통합성)의 원리대로 살아가는 리더들의 이야기 모음이다. Integrity(통합성)는 참 번역하기 어려운 단어다. 우리말로 번역할 때는 정직성으로 번역되곤 한다. 그른 번역은 아니나 리더십 영역에서 이 단어를 쓸 때는 생각과 말과 행동이 한 방향으로 정렬된 상태를 뜻한다. 아주 딱 들어맞는 번역은 아니나 '통합성' 정도로 풀이하는 것이 그나마 본뜻에 가깝다.

이때 생각은 핵심가치에 해당하고, 말은 핵심가치에 따른 사명 선언이다. 행동은 사명 선언에 따른 선택과 결정이다. 통합성을 갖춘 리더는 한 방향으로 정렬된 일관된 결정을 내리기 때문에 신뢰할 수 있다. 사람들은 이런 리더를 따른다.

리더의 핵심가치에는 이야기가 있다. 크고 작은 일에 있어 일관된 선택과 결정이 쌓이고 정리되어 핵심가치를 이룬다. 이렇게 정리된 핵심가치는 후회 없는 선택과 결정의 든든한 기초가 된다.

이야기에는 생명이 있다. 두려움에도 불구하고 용기를 내어 먼저 손 내밀고 다가서 용서하고 받아들이고 서로 자라가는 이야기에는 위대한 힘에 연결된 한 사람이 있다. 철이 나기 전까지는 나 잘나서 산 줄 안다. 어느 정도 풍파를 겪고 난 뒤에 이제까지 은혜로 살아왔노라 고백할 수밖에 없다. 인생이란 내 힘만으로 살려할 때 버겁고 자주 흔들린다. 온전한 삶은 우리 감각과 이해를 넘어선 더 큰 존재에 연결될 때 비로소 완성된다.

어쩌면 우리 인생은 위대한 작가가 써 내려가는 장대한 서사시일지도 모르겠다. 2014년 바르셀로나에 있는 가우디의 명작 사그라다 파밀리아에 들어선 순간 나는 볼을 타고 흘러내리는 눈물을 한참 후에야 알아차렸다. 말로 다 할 수 없는 신비에 휩싸여 질적으로 다른 세계를 경험한 나는 잃어버렸던 감각이 되살아나고 잊었던 기억이 떠오르는 것만 같았다.

우리 인생 스토리는 씨줄과 날줄이 교직 하는 어느 한 지점에서 만나 서로를 알아차리고 그 의미를 되새긴다. 그렇게 해석된 인생은 복된 인생이다. 이제껏 내가 무엇을 위해 살아왔는지 알아차린 인생은 아름답다!

3장은 불굴의 리더들이 Stigma(깨어짐)의 원리대로 빚어진 사례를 소개한다. 피하고 싶지만, 반드시 거쳐야 할 인생의 광야가 리더의 삶에 어떤 의미가 있는가? 인생이 다 거덜난 것만 같은 그 순간에 리더는 비로소 자기 자신을 직면하게 된다.

이제까지 자신을 이끌어 왔던 것이 소명이 아닌 어두움이나 결핍 혹은 왜곡된 힘의 논리였음을 뼈저리게 성찰하는 공간이 바로 광야다. 리더는 반드시 광야를 거쳐야 한다. 꼼수를 부려 광야를 피해 지름길로 간 리더는 자기 자신뿐만 아니라 다른 사람들에게도 해를 끼친다.

우리 내면의 불순물은 광야를 통해서 제거되기 마련이다. 스티그마, 즉 광야를 거쳐나가며 생긴 상처 자국은 광야를 제대로 통과했다는 증거다. 그것은 언제 끝날지 아득한 그 시련의 시간 속에 방치된 채 울부짖으며 실패와 절망의 터널을 통과하는 리더에게 주어지는 졸업장 인증 서명이다.

사업을 말아먹고, 등에 칼이 꽂혀보고, 뒤통수를 맞아보고, 빚이 산더미처럼 불어나고, 주변에 사람들이 사라지는 경험을 거친 이후에 리더는 정금처럼 단련된다. 비로소 마음 깊은 곳의 자원에 연결된다. 이때 주의할 점이 있다. 광야에서 리더는 가끔 오아시스를 경험해야 한다. 오아시스 없는 광야를 경험한 리더는 독해진다. 어쩌면 광야로 보내진 것은 그 독기를 빼라고 보낸 것인데 되려 독기를 품게 된다면 리더에게 광야는 축복의 땅이 아니라 저주와 다를 바 없다. 광야 경험이 저주가 아닌 축복이 되려면 그 기간에 내 곁에 남아있는 한 사람을 통해 은혜를 경험해 보아야 한다. 필연적으로 우리 스토리에는 그런 존재들이 있다. 나는 3장을 읽으며 독자들이 그런 삶의 풍성한 은혜를 간접적으로나마 경험하길 바란다.

4장은 우리 내면의 코치인 핵심가치를 통해 시스템 전체를 조망하고 시행착오학습을 통해 승리하는 시스템을 만들어 내는 리더를 Disciple(숙련)이라는 원리로 조명해 낸 장이다. 본래 Disciple은 제자도를 의미한다. 이때 제자는 스승의 가르침을 받고 상당 기간을 수련한 문하생을 일컫는다. 제자는 스승의 기술이나 기예뿐만 아니라 오롯이 그 업의 정신까지 후대에 전수하는 사람을 뜻한다.

작금의 공교육은 잘해 봐야 인지적 훈련에 머물러 있다. 내면의 품성이나 덕성에 대해서는 개인이 알아서 하거나 가정에서 처리해야 할 일로 미뤄둔다. 공교육 현장에서 교권이 무너지고 있는 현상은 내면의 품성을 기르는 일에 주의를 기울였음에도 불구하고 일어난 일이 아니라 내면의 품성 같은 허울 좋은 얘기는 저만치 밀어 두고 우선 입시라는 당면 과제부터 처리하자는 암묵적 합의가 이루어지며 일어난 일이다.

이런 마당에 리더십을 논한다는 건 얼마나 우스운가? 리더십은 됨됨이(Being)에서 나오는 실천(Doing)임에도 불구하고, 우리는 내면세계는 없는 것인 양 철저히 제쳐둔다. 그러면서 제대로 된 리더가 없다고 한탄한다. 리더는 하늘에서 떨어지지 않는다. 위대한 리더는 의도적인 훈련을 통해서 길러진다. 동서양과 시대를 막론하고 역사가 그것을 증명한다.

순서는 이러하다. 됨됨이(Being)-실천(Doing)-소유(having)-도움(helping)-됨됨이(Being). 이과정을 반복하면서 리더는 핵심가치가 분명해지고 그 됨됨이가 형성된다. 이런 리더 교육에 대한 전체적인 이해 없이 단편적으로 이뤄지는 리더십 교육을 통해서는 지위에 따른 위력을 발휘하는 리더는 세울 수 있을지 모르나 조직을 바른 방향으로 이끌 진정한 리더는 육성할 수 없다. 이제라도 됨됨이에 기반한 핵심가치 중심의 리더 교육 시스템을 만들어야 한다. 우리 미래 전망이 밝을지 어두울지는 핵심가치 기반의 리더 양성 여부에 달려있다.

리더는 어떤 마음가짐과 태도로 사람들을 이끌고 사랑해야 하는가? 리더십의 궁극은 결국엔 Song(경탄)임을 나는 5장에서 역설하고 싶었다. 과학은 모든 것을 자르고 분해한다. 그렇게 난도질당한 사물과 사람은 나눌 수 없는 최소 단위로 환원된다. 심지어 마음조차 어떤 요소들로 분할되어 통제 가능한 시스템으로 해체 조합된다. 심성 구조라는 말은 이제 흔히 쓰인다. 사람의 마음에도 어떤 구조가 있고 그렇게 파악된 마음은 언제든 조작과 통제가 가능한 과학적 영역으로 전락했다.

이것은 하나의 태도일 뿐이다. 과학이 사물과 사람을 파악하는 유일무이한 잣대는 아니다. 리더가 공리주의식 효율성만을 강조한다면 초반에는 어느 정도 성과를 올릴지 모르나 머지않아 사람을 잃어버리게 될 것이다. 위대한 리더는 사람을 아끼고 소중하게 여긴다. 그런 리더는 효율성이 아닌 피터 드러커의 표현대로 사람들을 바른 방향으로 이끄는 효과성을 중시한다.

사람들을 진북으로 이끄는 리더는 사람을 보고 경탄할 줄 안다. 이것이 내가 5장에서 하고 싶었던 이야기다. 마치 외로움이 리더의 숙명인 것처럼 떠드는 자칭 리더십 전문가들이 있다. 리더는 어느 정도 사람들과 거리를 두어야지 너무 가까이 가서도 너무 멀어져도 안 된다는 한심한 충고가 그럴듯한 경력으로 포장되어 유통되는 것이 작금의 현실이다.

유종의 미를 거두는 리더는 곁에 사람이 남는다. 업적이나 통장 잔고가 남는 것이 아니라 리더의 곁에서 성장을 경험하고 사람을 아낄 줄 아는 그런 됨됨이를 갖추게 된 차세대 리더들이 곁을 지키는 것이다. 이것이 리더십의 묘미다. 그런 의미에서 리더는 사람들 속에 있는 보석을 발견하고 놀랄 줄 아는 경탄의 사람이다.

사람은 창조주의 놀라운 작품이다. 피조세계도 마찬가지로 경탄을 자아내는 창조주의 작품이다. 우리는 창조의 하모니가 펼쳐지는 놀라운 작품세계 한복판에서 살아간다. 놀랄일이 천지다. 창조적인 리더는 경탄하는 리더다. 세상에서 가장 창조적인 존재인 아이들은 웃고 울고 놀란다. 도의 경지에 오르면 아이가 된다는 말이 그래서 나온 것임이 틀림없다. 어느 정도 업의 경지, 리더의 경지에 오른 자는 그가 대하는 모든 것에 경탄할 줄 안다. 경탄에서 몰입이 나오고 그렇게 몰두한 끝에 작품이 탄생한다.

리더의 작품은 사람이다. 그래서 리더로 살아간 끝에 사람이 남는다. 사람을 잃은 리더는 사람을 이끄는 척했을 뿐이다. "열매로 알리라!" 이 세상에서 가장 뛰어난 리더였던 예수의 준엄한 선언이다. 끝이 좋지 않은 리더들이 많아 씁쓸한 겨울을 맞고 있다. 부디 이 땅의 리더들이 유종의 미를 거둘 수 있기를 바라고 또 바란다.

1장의 Greatness(위대함)는 리더십의 중심 원리다. Integrity(통합성)과 Stigma(깨어짐)와 Disciple(숙련)과 Song(경탄)의 원리를 삶에서 경험한 사람에게 선물같이 주어지는 것이 바로 Greatness(위대함)이다.

Greatness(위대함)은 추구해서 얻을 수 있는 게 아니라 선물로 주어진다. 우리는 삶을 선물이라는 관점에서 재정립해 볼 필요가 있다. 그야말로 우리 인생 자체가 은혜인 것이다. 내가 태어나고 싶다고 해서 이 땅에 태어난 사람은 없다. 우리는 부모를 고를 수 없고 내가 태어나는 시기를 내가 택할 수도 없다. 우리 인생은 선물로 주어지는 것이다.

'차라리 태어나지 않았더라면', '나 같은 거 그냥 없어져 버렸으면 좋겠어' 상담센터에서 나는 이런 얘기를 숱하게 들었다. 다른 얘기는 다 수용하고 공감해도 이런 얘기에는 단호하게 끼어들어 반박했다. 그들이 간절하게 반어법을 사용하고 있다는 것을 누구보다 잘 알고 있기 때문이다.

열심히 살아온 인생이 멈추어 섰을 때 나는 정신과 문을 두드렸고 그 후 4년 동안 모진 치료의 시간을 보냈다. 길게 이야기할 필요도 없을 만큼 요사이는 우울증에 대한 이해 폭이 넓어져 그나마 다행이다. 그때는 그런 이해가 부족했다. 나는 내 인생이 그대로 끝날 줄로만 알았다. 그 절망 끝에 터져 나온 말은 '차라리 태어나지 않았더라면'이라는 외마디 절규였다. 아무리 힘들어도 하지 말아야 할 말이 있다는 걸 나는 그 시절을 거치며 깨달았다.

삶은 내가 얻어낸 것이 아니라 주어진 것이다. 은혜라는 말이다. 한 번뿐인 인생은 은혜를 경험하라고 우리에게 주어진 선물 같은 시간이다. 위대한 인생은 놀라운 과업을 성취하거나 깜짝 놀랄 만큼 커다란 액수의 통장 잔고가 증명해 주지 않는다. 삶이란 선물에, 그 은혜에 순간순간 정직하게 반응하며 살아간 걸음걸음이 기꺼이 인생을 선물로 받아들이고 한 세상 멋지게 살다 갔음을 증명할 뿐이다.

그저 훑어보기 위해서라도 이 책을 집어 든 독자들에게 고개 숙여 감사를 드린다. 이렇게 인생의 한 시점에서 당신을 만난 것이 나에게는 커다란 선물이다. 부디 당신에게도 현장의 리더들 이야기가 삶에 복된 선물이 되길 바란다.

2025년 5월 12일 현장의 리더들을 응원하며 최현락 씀

최현락 코치를 회사의 사목으로 모신 지 10개월이 되었다. 해맑은 표정에 사람을 남다른 '진심'으로 대하셨던 모습이 최코치에 대한 나의 첫인상이다. 교회개척을 필두로, 사업의 운영, 리더십 퍼실리테이터 (leadership facilitator)로서의 삶의 궤적을 그려 오시며, 신앙의 유무를 떠나 다양한 사람들을 만나 오시면서 습득하신 삶의 노하우(know-how)가 바로 그 '진심'이 아닌가 싶다.

"현장의 리더, 이야기와 만나다"는 이런 '진심'을 맘에 담은 최코치가 삶에서의 다양한 리더를 만나고, 그 리더들이 각자의 리더십을 어떻게 형성하며, 처한 상황들을 어떻게 이끌어 갔는가에 대한 이야기들이다. 그리고, 그 이야기들 속에서 리더십의 중요 다섯 가지 인자를 추출해서 설명한다.

리더십에 관한 책들은 서점에 이미 차고 넘친다. 관련한 수강 프로그램도 정말 많다. 그러나, 너무나 역설적이게도 우리 대한민국 사회는 참 리더가 없어 신음하고 있고, 오히려 그 리더십의 자리에 있는 사람들로 인해 이 사회가 붕괴 직전에 있다. 그런 면에서, 최현락 코치의 책은 다시금 리더십의 본질에 대해 고찰하게 하고, 그 본질에 충실한 리더에 대해 타는 목마름을 느끼게 한다.

-(주)벽산 김성식 대표이사

추천사를 쓰기에는 너무 부족한 저이지만, 누구보다 최현락 코치를 많은 사람들에게 추천했던 저이기도 합니다. 제 인생 가장 힘든 시기에 최현락 코치에게 코칭을 받고 삶에 대한 새로운 힘을 얻었습니다. 그 이후 제 가족들, 제 친구들, 제 친구들의 가족들, 한마디로 제가 가장 사랑하는 사람들에게 최현락 코치를 소개했습니다. 그래서 저희 선수들도 최현락 코치를 만나길 바랐던 것입니다. 치열하고 냉정한 승부의 세계에서 살아가는 저희 선수들이기에 코칭을 통해 승리의 기틀과 기세를 만들고 싶었던 것도 있습니다만, 사실 아직은 너무 어린 동생들이 승패의 잔인한 명암에서 벗어나 쉼을 얻길 바랐습니다.

저희 팀이 2년 연속 우승을 한 것에 최현락 코치와의 코칭이 일조를 했냐고 묻는다면, 저는 반드시 그랬다고 말할 것입니다. 왜냐하면 저 또한 회사의 일원으로서 이 업적에 조금이나마 기여한 것이 있을 텐데, 적어도 제가 그날의 코칭으로 다시금 새 힘을 얻었기 때문입니다. 그 힘으로, 수많은 패배를 이겨냈고 아쉬운 준우승들을 견뎌냈습니다. 그 힘으로, 이기든 지든 저희 팬분들에게 감동과 희망을 드리는 게임을 하자고 선수들을 독려할 수 있었습니다. 그리고 그로 인해 너무나도 멋진 이야기가 만들어졌습니다. 그래서 감사하는 마음으로 이 책을 추천합니다.

- T1 COO '조쉬' 안웅기

경청에 탁월한 코치이자 퍼실리테이터인 최현락 작가가 타고난 이야기꾼이기도 하다는 사실을 이 책을 통해 분명히 알게 되었습니다. 책을 읽는 동안 그동안의 경험들이 다양한 이야기로 넘쳐나서 자주 마음이 뭉클해져서 페이지 한 장 한 장을 넘기기가 어려웠습니다. 특히 퍼실리테이션을 통해서 누구에게나 있을 수 있는 지혜가 드러나고 또 그 지혜를 통해서 존재의 이유나 가치를 발견한 리더가 어떤 위대한 결과를 경험하게 되는지, 놀라운 이야기에 나도 모르게 푹 빠져 있었다는 것을 뒤늦게 깨닫습니다. 그 이야기들 속에 러빙핸즈와 러빙핸즈 멘토링 이야기 그리고 연결된 여러 이야기들을 여러 번 만날 수 있어서 영광이고 감사합니다. 이 책을 통해 여러분도 여러분의 위대한 이야기를 발견하게 될 것입니다.

-러빙핸즈 박현홍 대표

조직에서 많은 구성원들이 자신이 하고 싶은 것과 할 수 있는 것을 사이에서 망설이는 모습을 보게 된다. 코칭은 스스로에게 묻고 상대방의 의견을 경청하면서 누가 옳고 그른 것이 아닌 다름을 알아가는 과정이다. 코치나 퍼실리테이터는 이 과정에서 암묵지를 형식지로 다듬어 가도록 일깨워 주는 동반자이다. '현장의 리더, 이야기와 만나다'를 통해 자신이 무엇을 원하고 어떻게 살아가야 하는지 실마리를 풀어가는 위대한 이야기와 만나기를 바란다.

-폴앤폴리나 최종성 대표

오늘날 리더십을 형성하는 힘은 권력이나 지위가 아니라 '스토리텔링'이라고 이 책은 이야기합니다. 나의 이야기를 잘 알고, 또한 다른 사람의 이야기를 경청하고 존중할 줄 아는 사람이 따뜻하고 공감이 넘치는 공동체를 세울 수 있는 리더라고 말합니다. 그리고 우리 모두는 다양한 이야기를 가지고 살아가는 '이야기꾼'이기에, 우리 모두가 내재된 상상력을 통해 새로운 세상을 그릴 수 있다는 희망을 전해줍니다. 많은 독자들이 이 책이 선사하는 '안전한 공간'에서 각자의 이야기를 되돌아보고 새롭게 해석하며 상상해 보는 시간을 가지는 귀한 경험이 되기를 기도합니다.

-보스턴 신학교(Boston University School of Theology) 조은일 교수

위대한 역사는 언제나 이야기로부터 출발한다. 리더는 이야기를 만들고 형성하는 자이다. 최현락 코치는 코칭 리더로서 다른 사람의 위대한 역사와 이야기를 세상 밖으로 소명하는 탁월한 재능을 지닌 이야기꾼이다. 이 책에는 독창적이고 창발적인 발상으로 자기 삶의 이야기를 써 내려간 숨은 리더들의 이야기가 담겨 있다. 최현락 코치는 각자 현장에서 자기 삶에 치열한 리더의 이야기를 통해 새로운 역사를 써 내려가고 있다. 오늘 우리에게 필요한 건 바로 이런 가슴 뛰는 현장의 이야기이다. 이것이 우리 삶을 보다 풍요롭게 형성해 나갈 것이라 확신하며 이 책을 강력히 추천한다.

-총신대학교 오경환 교수

칼 융은 '상처 뒤에 천재가 자리한다'고 말했다. 저자가 말하는 위대한 리더는 앞서서 끌고 가는 특별한 사람이 아니다. 고난과 상처 속에서 자신의 소명을 놓지 않았던, 아무도 모르게 용감했던 우리 이웃들이었다. 저자는 그들의 도전이 이야기가 되어 그들의 내면과 조직, 나아가 우리 공동체를 변화시키는 과정을 보여준다. 그들의 이야기는 우리의 이야기가 되고, 저자의 안전한 공간 안에서 연결된 이야기들은 다시 새로운 가능성이 된다.

-서울상담심리대학원대학교 김성지 교수

어떤 시간, 영감 inspiration이 내 가슴을 두드릴 때, 포스트잇을 꺼냅니다. 이 책을 읽는 동안 여러 차례 포스트잇이 필요했습니다. 지금 이 순간, 가득 찬 물 잔을 비울 용기가 없는 누군가에게, 비워진 물 잔을 보며 울고 있는 누군가에게, 삶이 무료해진 누군가에게 이 책을 권합니다. 이 책을 덮을 때쯤이면 당신 안에 잠자고 있던 위대한 '나'를 깨어 그의 이야기를 들을 수 있을 것입니다. 호기심과 설레임으로 이 책, 아니 당신과 만나시길

-상담전문가 강주연(심리상담센터 목요일아침 센터장, 교육학 박사)

내 인생에 새로운 이야기가 시작되고, '나는 어떻게 살아야 하는가'라는 근본적인 질문이 나를 지배하던 때에 최현락 코치를 만났다. 최코치는 온 힘을 다해 도움이 필요한 사람을 코칭하는 분이었으며, 이 책에는 그 시절의 가르침들이 고스

란히 녹아 있다.

의사로서 환자들을 만나며 단순히 반복적인 의료행위만을 하는 것이 아니라, 한 사람의 인격으로 대하려고 노력하며 이 길을 걸어왔다. 그로부터 20년이 흘렀다. 삶의 여정 속에는 여전히 내가 만나야 할 이야기가 있고, 때때로 나는 아직도 치열한 광야 한가운데에 있는 것만 같다. 어려움이 있을 때나 고민이 될 때, 최현락 코치라면 나에게 어떤 조언을 해줄까 생각하곤 한다. 이 책의 독자들이 『현장의 리더, 이야기와 만나다』를 통해 각자가 맞닥뜨린 삶의 문제들에 대해 귀한 조언을 얻기를 바란다.

-서울아산병원 간담도췌외과 홍광표 교수

목차

결정적 두 장면

장면 1.

<u>"선배님들 죄송합니다."</u>

무슨 생각으로 나를 부른 걸까? 아! 나를 제대로 엿 먹이고 싶었든지 아니면 내 능력을 과신했구나. 주최 측의 농간으로밖에 달리 이해할 수 없는 이 상황에서 화려한 강사 소개는 더 이상 귀에 들어오지 않았다. 강사 소개가 끝나자마자 나는 강단에 뛰어 올라갔다.

정신 차리고 결정하자! 그대로 갈 것인가? 말 것인가? 나에게 질문을 던졌다. 답은 바로 나왔다. 강의는 접자. 바로 태

세 전환해서 90도로 고개 숙여 선배님들께 인사드렸다. 그렇게 깍듯하게 인사를 드리자 박수가 쏟아졌다. 천천히 고개를 들고 나는 인사말을 이어갔다.

"선배님들, 아마도 주최 측에서 뭔가 농간을 부린 듯합니다."

익살에 내 앞자리에서부터 끝자리까지 미소가 번졌다. 다소 안심이 되어 이런 제안을 했다.

"제가 선배들님 앞에서 리더십 강의를 한다는 건 말도 안 됩니다. 제가 무릎 꿇고 배워도 모자란 판에 이건 아니죠. 선배님, 부탁드립니다! 오늘 한 수 가르쳐 주십시오. 후배가 배우겠습니다."

장면 2.

2021년 가을 전화 한 통을 받았다. T1이란 e스포츠팀 선수들 워크숍에 와서 팀워크 코칭을 해달라는 내용이었다. 서울에서 차로 세 시간 거리에 있는 해변 인근 워크숍 장소에서 선수들과 처음으로 만났다. 서글서글한 인상에 편한 옷차림으로 나를 맞이한 선수들과 인사를 나누자마자 워크숍을 시작했다.

무반응! 단단히 마음을 먹고 간 터라 나름 필살기를 발휘해 워크숍과 강의를 이어갔건만 선수들은 미동도 없이 듣고만 있었다. 도대체 이게 무슨 반응인지 알 수가 없어 워크숍 내내 난감하기만 했다.

코치 인생 20년에 이런 위기가 찾아오다니! 이제까지 망해도 이렇게 망한 강의나 워크숍은 없었다. 뜨뜻미지근한 반응조차 없다니! 움츠러드는 마음을 간신히 붙잡고 워크숍을 마무리했다.

이 책을 쓰는 내내 내 머릿속에는 이 두 장면이 계속 떠오른다. 지난 20년간 수많은 사람을 만나 강의와 워크숍을 진행했던 중 난감하기로 따지면 이 두 장면이 1, 2위를 다툰다.

첫 번째 장면은 이렇게 이어진다. 나는 말을 이어갔다.

"물론 강사비는 받았으니 값은 하고 돌아가려 합니다. 오늘 퍼실리테이션이란 걸 해 보겠습니다. 선배님들의 지혜를 모아 서로 배우는 시간이 되길 바랍니다."

혹시 몰라 준비해 간 포스트잇을 나눠주자 좌중은 당황

한 모습 반, 기대에 찬 모습 반으로 엇갈렸다.

"선배님들 퍼실리테이션 요령은 간단합니다. 지금부터 선배님들께서 인생에서 만난 리더나 선생님 혹은 멘토를 떠올려 보세요. 그 리더가 어떤 점에서 훌륭했고 그 리더가 어떤 면에서 리더다웠는지 포스트잇 한 장에 하나씩 적어 보시면 됩니다."

더 설명할 필요도 없었다. 위대한 리더는 그냥 만들어지지 않는다. 최정상급 리더십은 어마어마한 경험치가 있다. 리더십 대가들이 현장에서 얻은 지혜를 지면으로 옮겨 적는 순간을 바로 앞에서 지켜보고 있자니 침이 꼴딱 넘어갔다. 일필휘지로 빼곡히 쌓여가는 포스트잇을 보며 '아! 살았다'하는 소리가 절로 나왔다.

긴장이 이완된 것도 잠시뿐. 대가들은 마치 리더십 비밀노트를 공개하듯 리더십의 진수를 전지 가득 쏟아 놓았다. 이걸 당장 꼴을 갖춘 형태로 만들고 싶었다. 서둘러 카테고리별로 모아 정리했다. 그렇게 모둠별로 이름을 붙이니 내가 준비해 간 강의와 그대로 겹쳤다. 나도 모르게 탄성이 나왔다. 이런 반응에 선배님들은 자못 궁금하다는 표정을 지었다. 준비한 강의안을 보여드리며 자초지종을 설명하자 좌중에서도 탄성이 나왔다. 그 순간 우리는 하나가 됐다. 드림팀! 만난 지 불과 30분 만에 우리는 가슴 떨리는 원팀이 된 것이다.

"선배님들, 존경합니다. 멋지세요. 정말 멋지십니다. 이런 주옥같은 내용을 우리만 알면 죄라고 생각합니다. 이거 제가 다음번 책에 써도 될까요?"

합창하듯 "네!"하고 대답하며 선배님들은 지긋이 웃으셨다. 이 책은 현장에서 위대한 발자취를 남기신 선배님들께 바치는 나의 헌사다. 그분들이 먼저 그 길을 걸어갔기에 후배인 나 또한 그 길 위에 있는 것이다.

위대함은 가려진 길이다. 애써 찾아야 볼 수 있다. 초대받아야 들어갈 수 있는 길이다. 직감적으로 나는 오늘이 그날임을 깨닫는다. 먼저 초대받은 내가 이 책을 읽고 있는 당신을 위대함으로 초대한다. 이제 초대장을 받을 준비가 되었는가?

그렇다면 앞선 두 번째 장면에서 내가 만났던 위대한 젊은이들, 페이커와 T1이 위대함에 응답한 그날 저녁으로 초대한다.

1장 Greatness
위대함과 공명된 리더

#비움과 채움 #나로 사는 법

#성장 #자기발견 #이야기

이야기와의 만남

7년 만의 우승이다. 예상보다 가볍게 T1이 중국팀을 누르고 리그오브레전드 월드챔피언십 왕좌에 올랐다. E스포츠계 레전드 팀이 탄생하는 순간이다.

승리가 확정되고 선수들이 무대 중앙으로 모였다. 그때 하얀색 티에 하얀색 모자를 쓴 T1 수장 조쉬가 뛰쳐나와 선수들을 부둥켜안았다. 조쉬와 선수들 그리고 T1의 스텝들이 얼싸안고 기뻐 어쩔 줄 모르는 모습을 보며 나는 눈물을 흘렸다.

SNS 앱으로 메시지를 보냈다. "수고 많았어요! 우승 축

하해요." 짧은 축하 메시지에 바로 답이 왔다. "우승도 기쁘고
요. 그것 못지않게 T1 팬들이 <u>선한 영향력</u>을 미친 것도 기뻐
요!" 사연이 있는 듯하여 검색해 보니 이런 사진이 나왔다.

　　T1 로고가 선명하게 새겨진 가방을 멘 청년이 지하철 한
구석에서 뭔가를 닦고 있었다. 무릎을 꿇고 오물을 닦고 있는
뒷모습을 누군가 사진을 찍어 SNS에 공유했던 모양이다. 이
사진은 순식간에 퍼져 T1 팬들 사이에 <u>선한 영향력의 물결</u>을
일으켰다. 우승의 기쁨과 감동이 동시에 밀려왔다. 조쉬와 코
칭을 통해 나눴던 비전이 현실로 실현되는 순간이었다. 조쉬
는 선한 영향력으로 세상을 보다 나은 곳으로 만들고 싶어 하
는 꿈 많은 청년이었다. 이제 T1을 통해 그 꿈이 현실이 된 것
이다.

　　2021년 가을, 조쉬의 초대로 T1 LCK팀과 처음 만났다.
언제인지 기억조차 흐릿한 망해 버린 워크숍을 마무리하고 어
정쩡하게 서 있는 나에게 매니저가 다가와 선수들 가운데 앉
으라고 했다.

　　<u>"기념사진 찍어드릴게요."</u>

　　매니저의 말에 선수들은 둥그렇게 내 주위에 둘러앉았

다. 하나, 둘, 셋 외치는 소리에 나는 웃을 수도 울 수도 없어 그냥 무표정하게 카메라 렌즈를 바라봤다. 이 선수들과의 인연은 이걸로 끝이구나. 아쉽기만 했다.

그런데 이게 웬걸. 사진 촬영이 끝나자마자 한 선수가 다가오더니 연락해도 되느냐고 나에게 묻는 것이 아닌가. 오늘 강의를 듣고 궁금한 것이 많아졌다며 연락해도 되느냐고 물어서 언제든 연락하라고 답했다. 그렇게 얘기를 마치고 돌아서려는데 다른 선수가 앞을 가로막고 서서 오늘 하는 강의가 다 자기 얘기 같았다며 고맙다고 인사하고 돌아서는 것이 아닌가. '아! 망한 게 아니었나. 그럼, 어떻게 된 거지?' 그렇게 의문을 품은 채 해를 넘겨 두 번째 T1 워크숍에 초대를 받아 가니 매니저가 나를 반기며 이렇게 얘기했다. 선수들이 첫 번째 워크숍 얘기를 아직도 한다는 것이다. 나는 어리둥절했다. 망한 줄 알았는데 도대체 뭐지? 궁금해서 선수들에게 직접 물어보니 그때 집중해서 듣느라고 그런 표정이 나온 것 아니겠냐며 도리어 내게 반문했다.

나중에 단장과 감독에게 비슷한 질문을 했더니 T1 선수들은 세계적인 e스포츠 선수인 만큼 집중력이 일반인들이 상상하는 수준 이상이라며 자랑스럽게 설명을 덧붙였다. 무릎을 탁하고 칠 수밖에 없었다. 세계 최고 수준의 집중력을 지닌 선수들이 초집중 상태에서 보인 반응을 무관심으로 잘못 판단한 것이다. 그야말로 <u>미친 집중력</u>이다. 미쳐야 미친다는 말이 이래서 나왔구나! 절로 감탄이 나왔다. 이런 집중력의 원천은 무엇인가? 선수들에게 도리어 묻고 싶었다. 첫 번째 워크숍을 마치며 나는 선수들에게 물었다.

<u>"우리 한번 생각해 봅시다. 오늘 워크숍에서 무엇을 알</u>
<u>게 되거나 깨닫게 되면 오늘 워크숍 참여한 보람이 있</u>
<u>었다. 이렇게 얘기할 수 있을까요?"</u>
단 한 명의 선수도 예외 없이 이렇게 답했다.
<u>"리더십! 제대로 된 리더십에 대해서 알고 싶어요. 어떻</u>
<u>게 하면 리더십을 발휘해서 팀을 하나 되게 하고 강한</u>
<u>팀을 만들 수 있나요?"</u>
두 번째 워크숍 주제가 정해졌다. 나는 선수들과 리더십을 주제로 한나절을 씨름했다. 우리는 역동적으로 작업했다. 그야말로 쏜살같이 시간이 흘렀다. 가는 날이 장날이라 하필이면 워크숍 날짜와 대학원 강의 날이 겹쳐 마음이 분주했다.

워크숍이 막바지에 이를수록 서울에서 날 기다리고 있을 학생들 생각에 마음이 초조해졌다. 그때 조쉬가 나머지 작업은 자신이 끝내겠다며 얼른 준비해서 강의하러 가라며 등을 떠밀었다. 이미 마커 펜은 조쉬 손에 들려 있었다.

대학원 수업을 마치고 밤늦게 조쉬로부터 온 메시지를 확인했다. 선수들과 스탭들이 늦은 밤까지 한마음으로 <u>핵심가치</u>와 <u>팀 내 규율</u>을 정리했단다. 하나 된 강한 팀을 만드는 리더십을 주제로 온종일 씨름한 끝에 그들 손에 남은 건 핵심가치와 규율이었다. 그날 워크숍으로 팀은 방향을 잡고 나가게 된 것이다.

그렇게 맞이한 시즌에서 T1은 전승으로 우승했다. 바람대로 강력한 원팀이 된 것이다. 어쩌면 e스포츠 역사에 전설로 남을지도 모를 그날엔 무슨 일이 있었던 걸까? 무엇이 그들을 감히 아무도 넘볼 수 없는 위대한 팀으로 변모시켰는가?

결론부터 말하자면 그들은 이야기와 만났다. 늘 그렇듯이 이야기와 만난 사람은 그 전으로 돌아갈 수 없다. 이야기는 우리를 영원히 돌이킬 수 없는 자리로 옮겨놓는다. 전설은 그렇게 시작된다.

핵심가치 따르기

지금부터 T1이 위대함과 만난 과정을 살펴보자. 그날 워크숍을 시작하면서 나는 컨퍼런스룸 중앙에 놓인 화이트보드 한가운데 '자극과 반응'이라는 두 단어를 적었다.

> "자극과 반응! 우리는 살면서 어떤 자극을 경험하고 그것에 반응합니다. 초등학교 시절에 학교에 가려면 꼭 시장을 지나쳐서 가야 했어요. 얄궂게도 시장을 빠져나오는 그 끄트머리에 만두가게가 있는 거예요.
> 만두 냄새를 맡고 그냥 지나치기 어려웠어요. 어린아이에게 김이 솔솔 올라오는 먹음직한 만두는 그야말로 큰 유혹이었어요. 침이 고이고 만두에서 눈을 뗄 수 없는 거예요. 매번 그 자극에 굴복하고 말았습니다. 여러분도 비슷한 경험 있지 않아요?"

선수들은 웃으며 고개를 끄덕였다. 빙그레 웃는 스텝들의 표정을 살핀 후 화이트보드에 적힌 자극과 반응이란 단어 사이에 핵심가치란 단어를 채워 넣었다.

> "이 자극과 반응 사이에 핵심가치가 있을 때 우리는 반

사적 반응을 하지 않고 선택이란 걸 할 수 있어요. 다시 말해서 핵심가치를 통해 우리는 자극에 그대로 반응할지 아니면 다른 반응을 할지 선택할 수 있다는 겁니다. 이렇게 한번 생각해 봅시다. 우리에게 '건강'이라는 핵심가치가 있어요. 그러면 만두 냄새가 아무리 강해도 지금은 먹지 않겠다는 선택과 결정을 할 수 있어요. 핵심가치는 무엇을 선택하고 어떤 것에 우선순위를 두어야 하며 어떤 결정을 내려야 할지를 알려주는 선택의 기준이 됩니다."

더는 설명할 필요가 없어 보였다. 명민한 선수들이다. 게다가 오늘은 스텝들까지 함께 해서 십여 명이 넘는 사람들이 워크숍에 참여했다. 설명은 줄이고 바로 핵심가치 탐색을 위한 퍼실리테이션에 돌입했다.

나는 선수들에게 자신이 어떤 선택이나 결정을 내릴 때 중요하게 여기는 것들이 무엇인지 떠올려 보라고 했다. 테이블에 진열된 핵심가치 카드를 가리키며 거기에서 자신의 핵심가치 10가지를 찾아올 것을 주문했다. 이윽고 질문이 쏟아졌다.

"이게 내 핵심가치인지 어떻게 알죠?"

"핵심가치를 꼭 열 개만 찾아야 해요?"

"찾은 건 어떻게 정리해야 합니까?"

"단어들이 좀 추상적인데 설명 좀 해 주시면 안 돼요?"

"내가 중요하다고 생각하는 것과 실제로 행동하는 게

다르면 어떡해요?"

단순한 질문에서 핵심을 찌르는 질문까지 거침없이 질문이 날아왔다. 질문의 세례를 받은 나는 핵심가치를 고르는 요령을 이렇게 설명했다.

"언젠가 태국으로 여행을 간 부부 얘기를 들었어요. 풀빌라를 빌려서 갔답니다. 남편은 쉼을 중요하게 생각하고 고독을 즐기며 안정이 핵심가치였어요. 아내는 그와 달리 도전과 성장이 핵심가치여서 아주 진취적이고 변화무쌍한 스타일을 즐기는 분이었어요. 풀빌라에 도착하자마자 아내는 짐은 푸는 듯 마는 듯하고 밖으로 나가려고 하고 남편은 짐을 하나하나 풀어놓더니 나갈 생각을 안 하더랍니다. 핵심가치에 따라 행동한 것이죠."

워크숍 분위기는 점점 무르익어 갔다. 내친김에 나는 다른 부부 얘기를 하나 더 했다.

"예전에 부부 코칭을 왔던 분들 얘기예요. 이건 다른 부부들에게도 도움이 될 것 같아 각색해서 얘기해도 되냐고 했더니 그 부부가 성공적으로 코칭을 마치고 흔쾌히 승낙해서 이렇게 이야기를 나누는 겁니다.

첫 코칭 왔을 때 쌍욕을 하며 싸웠던 부부예요. 그래서 부부가 첫날은 따로따로 왔더라고요. 이혼하려고 하는데 할 때 하더라도 코칭이나 한번 받고 헤어지자고 온 겁니다. 그런 부부가 두 번째 코칭을 하고 나서 아이를 갖겠다고 해서 코칭을 한 나도 놀랐어요.

다섯 번째 코칭을 하고 나서는 다른 위기의 부부에게 자신들이 받은 코칭을 너희도 받으라며 코칭 전도사를 자처하기도 했어요. 그럼 그때 무슨 코칭을 했길래 두 번 만에 헤어지기로 한 부부가 아기를 갖기로 했느냐, 바로 지금 여러분이 하는 핵심가치 찾기를 그때 했어요.

이 부부가 매사에 서로 존중받지 못하고 무시당한다고

느낀 포인트가 바로 서로의 핵심가치가 달라서 그랬던 겁니다. 마치 앞에서 얘기한 풀빌라 부부처럼 말이에요. 한편은 안정을 추구하고 다른 한편은 도전을 추구하니 정반대 방향이죠. 그리고 자기 방향이 옳다고 서로 우기니 속에서 불이 난 겁니다. 부부가 일심동체가 아니라 동상이몽이었던 셈이죠."

실화를 듣고 감이 팍 왔던지 선수와 스텝 할 것 없이 분주히 핵심가치 카드를 들어다 놨다 하며 자신에게 맞는 카드를 고르고 있었다. 벌써 카드 선택을 마무리하고 자리에 앉는 선수와 스텝도 눈에 들어왔다.

포스트잇을 나눠주고 선택한 핵심가치를 정리해서 적은 후 큰 용지에 붙여보라며 하나씩 설명해 주고 핵심가치를 고른 사정도 들었다. 말수는 적지만 차분히 자신이 고른 걸 설명하는 말을 듣고 있자니 세계적인 선수들이 다르긴 다르구나 싶었다. 능수능란한 말솜씨는 아니나 자신이 전달하고자 하는 바를 분명히 알고 끝까지 전달하려 애쓰는 모습이 아직도 기억에 선명하다. 그들은 내가 떠난 뒤에도 밤늦게까지 그렇게 집중했을 것이고 핵심가치와 규율을 팀 내에 정착시키는 데에도 엄청난 노력을 기울였을 것이다. 그렇게 T1은 패배에 분통을 터뜨리며 눈물 흘리는 개인이 아니라 동료의 마음을 살피는 원팀이 되었다.

마음에 간직한 이야기

우리 모두에게는 귀 기울여 들을만한 지혜가 있다. 현장에서 우리는 이 지혜와 만난다. 우리 안에는 현장 경험을 통해 쌓인 이와 같은 지혜가 암묵지의 형태로 남아있다. 그것은 안전한 환경에서 비로소 모습을 드러낸다. 지혜가 안전한 환경에서 제 모습을 갖출 때 이것을 형식지라 한다. 우리 안에 있는 암묵지가 다른 사람에게도 확인될 수 있는 형식지의 모습을 갖추려면 러닝 퍼실리테이션이 적격이다.

안전한 공간을 만들어 암묵지가 형식지가 되도록 가이드를 해 주는 사람이 다름 아닌 퍼실리테이터다. 자신이 퍼실리테이터인 줄 알고 활동하는 사람도 있고 자연스럽게 그런 역할을 터득한 사람도 있다. 그런 면에서 퍼실리테이터는 자격이 아니라 선언으로 완성된다.

모르고 시작했더라도 알아차리고 퍼실리테이터로 살고 자 선언하는 순간 퍼실리테이션의 여정은 시작된다. 우리는 대개 이야기의 형태로 암묵지를 보존한다. 잊힌 이야기도 있고 회자되는 이야기도 있다. 부끄러워 숨기고 싶은 이야기도 있고 자랑스럽게 떠벌리거나 포장된 이야기도 있다. 홀로 간직한 이야기도 있고 글로 써서 온 세상에 공표한 이야기도 있다. 잘 알려진 이야기도 있고 묻힌 이야기도 있다.

지금도 상담실에서는 차마 남들에게 꺼내놓지 못한 이야기들이 오간다. 이야기에는 보석 같은 지혜가 깃들어 있다. 이야기는 가만히 귀 기울여 듣고자 하는 사람에게 찾아온다. 안전한 공간을 만들어 이야기를 환대하면 이야기는 더 많은 이야깃거리를 들고 온다. 퍼실리테이션을 통해 우리는 이야 기 환대하는 법을 배운다. 이야기와 이야기가 만나 새롭게 빚어지는 과정도 맛볼 수 있다. 이 과정에서 인간 본성에 깃들어 있는 위대함은 모습을 드러낸다.

교사들의 교사로 존경받는 파커 파머는 우리 안에 '내면의 교사'가 있다고 말한다. 파커 파머가 속한 퀘이커 전통에서는 '내면의 빛'으로 표현하기도 한다. 경영사상가이자 '성공하는 사람들의 7가지 습관'으로 잘 알려진 스티븐 코비는 후속작으로 '8번째 습관'이란 저서를 남겼다. 원서 제목은 'from effectiveness to Greatness:효율성으로부터 위대함으로'이다. 내용을 한 줄로 요약하면 '내면의 소리를 듣고 다른 사람도 듣게 하라!'이다.

위대함은 제 목소리를 지니고 있다. 귀 기울이면 능히 들을 수 있다. 위대함은 소리를 내는 정도가 아니라 부르짖고 외친다. 외면하는 것은 우리다. 위대함은 지칠 줄 모르고 우리에게 말을 건넨다. 용어만 다를 뿐 파커 파머와 스티븐 코비의 강조점은 같다.

<u>'위대함이 우리를 찾고 있다!'</u>

소음으로 가득 찬 세상에서 위대함은 갈수록 힘을 잃어간다. 그런 이유로 삶은 우리를 광야로 부른다. 시야가 트이고 소음이 잦아든 그곳에서 우리는 위대함과 만난다. 위대함은 광야에서 외치는 소리다. 아무도 알아주지 않는 변방에서, 주류가 아닌 비주류에서 위대함은 자신의 목소리에 조응할 사람을 찾는다.

거장 이창동 감독이 한 강의에서 '이야기는 만들어지는 것이 아니라 만나는 것'이라고 했단다. 버전을 달리해 말하자면 "위대함은 만들어지는 것이 아니라 만나는 것"이다. 위대한 이야기가 우리를 찾아온다.

우리는 어떤 이야기는 맹목적으로 믿고 받아들이고, 어떤 이야기는 거짓이라 치부하고 거부한다. 2차 세계대전 당시 나치가 아우슈비츠를 만들어서 유대인과 장애인들을 학살했다는 폭로를 유럽 사회는 말도 안 된다며 그런 일이 일어난 사실 자체를 받아들이길 거부했다.

다수는 인간의 악마성이 적나라하게 드러나는 이야기를 회피했다. 불편한 이야기를 밀쳐내는 사람들 속에 소수의 사람이 이야기의 진실성을 믿고 사건을 수면 위로 끌어올렸다. 아우슈비츠에서 탈출한 사람들의 증언과 증거 사진들이 나오면서 사람들은 경악한다.

진실과 거짓이 소용돌이치는 한복판에 신학자 디트리히 본회퍼가 있었다. 독일 국가 교회가 나치에 부역할 때 디트리히 본회퍼는 고백 교회를 세우고 히틀러를 제거하려 했다. 암살 계획은 들통나 본회퍼는 연합군이 도착하기 며칠 전 감옥에서 숨을 거둔다. 본회퍼의 천재성을 알아본 유럽과 미국의 학자들과 대학은 하루빨리 본회퍼가 나치의 영향력에서 벗어나 시대의 양심으로 독일 밖에서 나치와 투쟁하길 바랐다.

본회퍼의 생각은 달랐다. 그는 끝까지 독일에 남아 나치에 저항하기로 한다. 이야기에 정직하게 반응한 본회퍼 자신이 이제 이야기가 됐다. "나를 따르라는 주님의 말씀은 와서 나를 위해 죽으라는 말씀이다." 그렇게 고백하며 본회퍼는 스승 예수와 같이 십자가를 지고 죽기까지 그 길을 따른다. 지는 싸움을 통해 진정으로 승리했던 본회퍼의 이야기는 지금까지 사람들의 입에서 입으로 이어진다.

조선 사람은 게으르며 다른 나라의 교화를 받아야 잘 살수 있다는 날조된 신화에 맞서 단재 신채호는 이 땅의 역사를 바로잡아 기록했다. 독립투사들을 통해 전파된 우리네 살아온 이야기는 사람들의 눈에서 비늘을 떨어냈다. 한민족의 이야기와 만난 이들은 이야기의 주인공이 되어 일제에 맞섰다. 항일투쟁 독립운동은 그렇게 불이 붙는다.

상해에서 백범 김구는 비렁뱅이 신세에 가까웠다. 피난온 조선 사람 집을 전전하며 밥을 얻어먹었다. 임시정부의 수장이라고 하기에는 너무도 초라한 모습이다. 겉모습은 이러했으나 백범 김구와 임시정부의 속은 알찼다.

이야기를 간직한 민족은 멈출 수 없다. 진보! 이야기가 시작되면 그것은 끝을 향해 달려간다. 역사는 그렇게 진보한다. 우리 일상에 이야기를 끌어들이고 한 걸음 앞으로 나아가도록 부추기는 것이 바로 퍼실리테이션이다.

영혼의 소리에 귀 기울임

이야기와 만난 자들은 그전으로 돌아갈 수 없다. 이야기에는 거스를 수 없는 힘이 있다. 밀어내려 하면 할수록 이야기는 안으로 더 깊숙이 파고든다. 어두움은 두려움을 먹고 자라지만 빛은 어둠을 물리친다. 이야기는 우리 내면에서 고동친다.

우리에게 다가온 이야기는 낯설다. 그래서 피한다. 더는 물러설 곳이 없을 때 에라 모르겠다는 심정으로 이야기를 받아들인다. 걱정했던 일은 일어나지 않는다. 오히려 속 시원해진다. '이게 나야!' 몸에 맞는 옷을 입은 듯 자연스럽다. '아름답다'라는 '아름'에는 '나답다'와 '함께 앓는다'라는 두 가지 어원이 있다. 나답게 살 때 우리는 아름답다. 다른 이와 함께 앓을 때 우리는 아름답다. '와서 도우라!'라는 음성을 외면하지 않고 그 이야기 속으로 뛰어들 때 우리 인생은 빛난다.

그런 의미에서 이야기는 아픔 속에서 배태되는 진주다. 이야기는 아픔이 길이 되는 자리다. 고통에 귀 기울임으로 이야기는 시작된다. 구약성서에서 이스라엘 백성은 이집트 제국의 압제 아래 노역에 시달리며 신음했다. 터져 나오는 신음을 외면하지 않고 이스라엘의 하나님은 울부짖음에 응답한다. 역사상 가장 위대한 지도자 중 하나인 모세의 여정은 그렇게 시작된다.

이집트에 거주하던 이스라엘 인구가 걷잡을 수 없이 늘어나자 이집트의 위정자들은 겁을 먹는다. 당시 인구는 바로 군사력이다. 오늘날로 말하자면 해가 갈수록 이스라엘이 보유한 미사일과 전차와 전투기가 늘어나는 것과 같다. 오늘날 강대국이나 고대 근동의 제국은 다를 바 없는 패권 국가다. 경쟁자 따위를 키울 리 없다. 따라오려는 자들은 철저히 짓밟아 감히 고개를 쳐들지도 못하게 만드는 것이 예나 지금이나 패권 국가들의 통치 전략이다.

모세는 고대 근동의 패권 국가 이집트에 더부살이하던 족장 집안 아이 하나에 불과했다. 이집트는 산파들에게 이스라엘에서 남자아이가 태어나면 죽이라고 명령한다. <u>불합리한 명령에 불복종하는 선한 이들</u>은 어디에나 존재하는 법이다. 산파 중 하나가 모세를 살린다. 갈대 상자에 담겨 강에 떠내려 간 아이는 운명처럼 이집트 공주를 만나 왕자가 된다.

아이는 자라며 자신이 이스라엘 사람이란 사실을 알아차린다. 이제 모세에게 아브라함과 야곱의 이야기는 남의 이야기가 아니라 내 얘기로 가슴을 파고든다. 이야기와 만난 모세는 압제당하고 있는 이스라엘 백성을 두고 볼 수 없었다.

어느 날 사건이 벌어진다. 이집트의 관리가 이스라엘 사람을 무참히 짓밟는 모습을 보고 모세는 분개해 관리를 죽인다. 아무도 모를 거라 생각했던 일을 자신이 도와주려 했던 이스라엘 사람들이 폭로하자 모세는 겁에 질려 광야로 도망한다.

이야기와 만나지 않았다면 모세는 강력한 패권 국가의 왕자로서 안락한 삶을 이어갔을 것이다. 이야기 때문에 인생은 꼬인다. 뭘 안 해도 마음이 불편하다. 딱 모세의 심정이 그러했을 것이다. 그런 불편을 애써 외면하고 버티려니 피곤해진다. 직면의 대가가 무거워 외면하는 것도 하루 이틀, 어느 날 영혼은 피로를 느낀다.

"잠깐 모른 척하면 편해져!" 영화 대사는 절묘하게 진실을 드러낸다. 딱히 어느 영화라고 꼭 집어 말할 필요도 없다. 대강 이렇게 흘러간다. 영화 주인공은 부조리를 못 견딘다. 다른 사람들처럼 그러려니 하고 넘어가면 될 일을 긁어 부스럼을 만든다. 열지 말아야 할 문을 연다. 들어가지 말아야 할 곳에 들어간다. 파지 말아야 할 것을 파헤치고야 만다. 묻지 말아야 할 질문을 던진다. 열고 파고 들어가고 묻는 이 사소한 행동이 이내 어떤 파장을 몰고 올지도 모르면서 말이다.

로자 파크스는 일을 마치고 집으로 돌아가는 버스에 오른다. 마침 좌석이 비어 있다. 로자 파크스는 빈자리에 앉는다. 훗날 그 역사적 사건을 회상하며 로자 파크스는 그날 유난히 피곤했다며 담담히 말한다. 로자 파크스는 인종 차별을 견디다 못해 영혼이 피곤했다.

누군가가 당연한 듯이 그어 놓은 차별의 선이 그녀의 영혼을 지치게 했다. '가르칠 수 있는 용기'의 작가 파커 파머는 예리하게 그 장면을 묘사한다. 가치와 삶이 갈등을 빚는 현장에서 로자 파크스는 영혼의 피곤함을 느꼈다. 눈감아 버리면 몸은 편했을는지 모른다. 하지만 그날은 영혼이 'NO!'라고 외쳤다. 백인에게 좌석을 내어주라는 명령에 로자 파크스는 불복종한다.

'영혼 없이 일한다!' 우리네 일터에서 듣게 되는 푸념이다. 가치에 안 맞는 일을 억지로 하려 할 때 영혼은 지친다. 몸은 편한데 마음은 더할 나위 없이 불편하다. 주변에서는 생각이 너무 많다며 나무란다. 그런 말에도 무뎌질 무렵 몸이 말을 안 듣는다. 몸을 멈춰 세워서라도 영혼은 우리에게 말을 건넨다. 무기력과 불안이 변주하는 과정에서 우리는 영혼의 소리를 듣는다. 파커 파머는 그 과정을 통해 다른 이의 삶이 아닌 나로서 사는 법을 깨우쳤노라 고백한다.

비움과 채움

다른 이의 욕망을 욕망하도록 길들여진 삶에서 나만의 이야기를 찾아가는 모험에 뛰어든다. 진작에 거쳐야 할 사춘기를 오춘기로 겪어낸다. 나란 존재는 내가 부딪혀 살아낸 이야기의 총합이다. 의학자이자 작가인 서울대 보건대학교의 김승섭 교수는 '타인의 고통에 응답하는 공부'에서 임상 의사로서 금전적인 이익을 포기하고 사회역학을 연구하는 학자로서 길을 걷게 된 사연을 밝힌다.

이주노동자를 만나 인터뷰하고 세월호 가족들을 만나 그들의 울먹임을 들으며 그는 모르겠다고 털어놓는다.

"나는 모르겠습니다."

사회 문제의 원인을 밝히고 해결하려 사회역학을 택한 김승섭 교수는 끝내 알 수 없노라고 고백하며 첫 문장을 시작한다. 인간 존재가 겪고 있는 고통은 학문으로 접근하여 끝내 밝혀낼 수 없는 것인가 보다. 나는 짐작했다. 해부하고 분석하여 정리된 데이터로는 인간을 알 수도 치유할 수도 없다. 김승섭 교수가 만난 사람들은 저마다 이야기를 지닌 존재였다. 현장에서 만난 사람들이 들려준 다양한 이야기는 사회역학을 연구하는 학자의 마음을 뒤흔들어 놓았다.

"소크라테스보다 지혜로운 사람은 없다." 이른바 '델포이 신탁'이다. 소크라테스는 이 신탁을 확인하려고 아테네에서 존경받는 사람들을 만나 질문을 던진다. 자신이 모른다는 것조차 모르는 사람들이 많다는 사실을 확인한 소크라테스는 신탁을 받아들일 수밖에 없었다. 자신이 모른다는 걸 아는 것이 지혜다. '무지의 지'를 지닌 소크라테스는 그런 의미에서 지혜로운 사람이다. 어떤 질문이든 끝까지 밀어붙이면 모른다는 한 마디로 귀결된다. '신을 위한 변론'에서 카렌 윌리엄스는 종교의 종착점을 '모른다'는 한마디로 정리한다. 인간과 신의 존재 그리고 세상에서 일어나는 일을 묻고 또 물으면 끝에는 '모른다'만 남는다. 다 파악하여 알 수 없는 그 무한과 초월을 엿보고서야 탄성이 터진다. 두렵고 떨리지만 안전한 감정이 말로 표현할 수 없는 노래가 된다.

이야기는 놓아야 쥘 수 있고 비워야 채울 수 있다. '무지의 지'를 난 한 단체의 워크숍에서 생생히 목격했다. 바로 러빙핸즈 멘토 양성과정에서다. 러빙핸즈는 아이와 어른이 친구가 되는 단순하지만 강력한 비전을 지닌 비영리단체다. 어쩌다 인연이 되어 퍼실리테이션 연구소장 이란 이름으로 이 단체를 돕고 있다. 러빙핸즈에서 멘토로 활동하기 위해서는 멘토양성 과정을 수료해야 한다. 이 과정 중에 '멘티의 이해'라는 워크숍을 진행할 때 일이다.

인천지구에서 워크숍을 마무리하며 피드백을 부탁하니 예비 멘토 중에 상당수가 '내가 아이들을 몰라도 한참 몰랐구나!'하고 고백했다. 한숨 섞인 고백은 마침내 내가 멘토를 해도 되는 건지 모르겠다는 회의적인 목소리로 번져갔다. 아이들을 만나서 무슨 얘기하고 어떻게 대해야 할지 감도 안 잡히는 나 같은 사람이 멘토를 할 수 있겠냐는 걱정이 이어졌다. 이때 피드백 메시지 하나가 눈에 들어왔다.

'곧! 간다.' 단 세 글자였다. 이렇게 적은 이유를 예비 멘토 선생님께 물어봤다.

"저도 아이들을 모릅니다. 무얼 좋아하는지 어떤 걸 하고 같이 놀아야 할지 모르겠습니다. 하지만 친구는 될 수 있을 것 같습니다. 그래서 아이들아 기다려라. 내가 간다. 이런 의미로 쓴 겁니다."

이 순간을 놓치지 않고 나는 그 말을 이어받았다. 아이들을 만나 좋은 얘기 들려주고 뭔가 도와주려는 마음은 충분히 이해된다. 그러나 그렇게 접근하면 오히려 나도 마음이 어렵고 아이들 마음도 닫힌다. 오히려 그냥 친구가 되어주겠다는 심정으로 만나면 아이들 마음도 열리고 나도 자유를 얻는다.

나는 내가 만난 아이들 얘기를 했다. 상담공부를 마치고 수련기간을 거쳐 경력을 쌓던 중 어느 기관에서 세운 상담심리센터 센터장 자리를 맡게 됐다. 책임 맡은 자리에 있다 보니 어려운 사례를 모두 도맡게 되었다. 학교폭력 피해자를 상담하고 때로 가해자를 상담하기도 했다.

청소년상담사 자격도 있고 수련도 받기는 했으나 그때까지 성인 상담에 주력했던 탓에 청소년이란 존재는 아득하기만 했다. 외국인을 상대로 서툰 외국어로 상담을 해야 하는 상황에 비견될 만큼 난감했다.

아이들을 만난 자리에서 난 이실직고하고 말았다.

"난 사실 너희를 잘 모른다. 금방 들통날 테니 아는 체하고 싶지 않다. 너희가 나한테 좀 알려주라. 너희는 무슨 음악을 좋아하고 뭘 하고 싶고 왜 그렇게 짜증을 내

<u>는지를 나는 너희들에게 배우고 싶다."</u>

이렇게 얘기하면 대부분 신이 나서 요새 애들이 무슨 음악을 듣고 뭐에 관심이 많고 어디에 자주 가고 뭐 때문에 마음 상하는지와 엄마 아빠 말은 왜 그렇게 안 듣는지 술술 풀어 놓는다. 이건 뭐 한번 봇물이 터지면 그냥 홍수가 나듯 수많은 고급 정보들이 쏟아져 나온다. 나는 그걸 주워 담기 바쁘다.

안다고 생각했던 마음을 비워 버리니 빈 잔 가득 물이 채워지듯 아이들 마음이 담긴다. 청소년 전문서적을 읽고 검색엔진을 돌려 청소년 정보를 끌어모은들 아이들 마음에 다가설 수 없었을 것이다. 그런 식으로 준비하고 아이들을 만났다면 아이들은 나의 이런 '척'을 '척'하고 알아냈을 것은 불 보듯 뻔하다.

비어 있는 걸 채우게 도와달라고 하니 아이들이 기꺼이 손을 잡아줬다. 나는 그렇게 아이들이 제공해 준 살아 있는 지혜로 땅 짚고 헤엄치며 아이들을 상담했다. 이런 얘기를 신나게 했다. 그 자리에 있던 예비 멘토 선생님들이 고개를 끄덕였다. 이제 좀 두려움이 가신 듯했다.

이어서 존경하는 러빙핸즈의 멘토 선생님 한 분을 소개

했다. 그분은 강원도에서 멘토로 활동하고 있다. 하필이면 처음으로 만난 아이가 그 동네에서도 소문난 말썽꾸러기다. 동네에서 이 아이를 모르는 사람이 없을 정도로 소문난 말썽꾸러기였다.

멘티인 아이는 처음 만난 날 자기가 원하는 것을 안 사주면 한 발짝도 안 움직이겠다며 그 자리에 드러누워서 360도 회전하는 신기술을 보여주더란다. 속에서 불이 났을 거다. 그런데 멘토 선생님이 대단한 게 그런 아이를 계속 만났다. 사람들은 멘토 선생님이 포기할 줄 알았단다. 멘티와 같이 밥 먹고 게임을 했다. 열 번 정도 만나니 아이의 태도가 몰라보게 달라졌다.

밥 먹듯이 수업을 빠지고 선생님에게 욕을 하고 친구들을 때리던 아이가 멘토링 시간에 늦는 법이 없단다. 두런두런 얘기를 나누면서 멘토 선생님하고 둘도 없는 친구가 됐다. 내가 하도 신기해서 그 선생님에게 도대체 만나서 뭘 했느냐고 물었다. 그랬더니 그 아이의 아버지도 똑같은 질문을 하더란다.

혼을 내보기도 하고 달래기도 하고 별짓을 다 해도 변할

기미조차 안 보이는 아이였다. 멘토 선생님을 만나고 나서 아이가 극적으로 변하는 모습에 부모도 놀란 모양이다. 너무 궁금해서 멘토 선생님 입만 바라보고 있었다. 그러자 이런 답이 나왔다.

'그냥 친구가 되어주었어요.' 그게 다였다. 밥을 먹고 게임을 하고 같이 걷고 이런저런 쓸데없는 얘기 하며 킥킥거리고 그렇게 정기적으로 만났다. 진짜 그게 다. 열 번을 만나고 나니 아이가 마음을 열고 멘토 선생님 만나는 날을 기다리고 먼저 나와 있더란다. 아하! 비워진 물잔으로 만나니 채워졌구나!

온갖 편견으로 아이를 바라보며 나름의 방식으로 아이를 뜯어고치려는 마음 없이 그저 친구로 아이를 대하니 오히려 아이의 마음이 채워졌다. 이 선생님 진짜 고수다. 누구 말마따나 인생에 한 번쯤은 고수를 만나 볼 일이다. 힘 하나 들이지 않고 사람을 그렇게 따뜻하게 품고 변화시키는 진짜 멘토였다. 아이와 멘토 선생님은 그렇게 친구가 됐다.

시인 정현종이 노래한 대로 한 사람이 온다는 건 그 사람의 인생 전체가 오는 것이다. 그 인생과 만나면 우리는 이전으로는 돌아갈 수 없다. 숫자로 파악된 인간이 아닌 이야기로서 인간을 만나면 그전과는 전혀 다른 삶의 궤적을 그릴 수밖에는 없는 것이다.

부르심에 응답함

영웅과 같은 면모를 지녀서 한 사람의 인생에 뛰어든 것이 아니다. 그저 이야기를 들었고 그로 인해 타인의 얼굴을 마주 보았기 때문이다. 프랑스의 철학자이자 '시간과 타자'의 저자인 임마누엘 레비나스의 말대로 그렇게 마주한 얼굴에는 하나님의 흔적이 남아있다. 아픈 이야기에 몸이 떨리고 안타까운 사연에 마음이 동하는 그 순간 우리의 이야기는 하나가 된다.

"왜 소방관이 되셨어요?"

한 방송에서 유명 배우가 던진 질문에 소방관은 답한다.

"우리 어머니가 길에서 홀로 쓰러져 골든타임을 놓쳤어요. 다시는 이런 일이 없게 어머니를 구하는 심정으로 소방관이 되었어요."

이야기를 외면하지 않으면 길이 난다. 아픔을 끌어안으면 그 자리에 생명이 움튼다. 소방관은 어머니만의 소방관이 되겠다고 다짐한다. 재난이 발생하고 사고가 나면 제일 먼저 달려가 내 어머니를 구하겠다는 심정으로 뛰어든다. 그렇게 여러 생명을 구했다. 아픔은 그렇게 길이 됐다.

이야기는 우리를 낯선 곳으로 이끈다. 한 번도 가보지 못한 곳으로 발길을 옮긴다. 이야기의 인력은 강하다. 때로 그것은 거부할 수 없는 불가항력이다. 뿌리칠 수도 거부할 수도 없다. 그것은 운명처럼 우리를 잡아끈다. 마침내 내가 하고 싶지 않던 소리를 나도 모르게 내뱉고야 만다.

'차라리 내가 하고 말지.'

울며 겨자 먹는 심정으로 한 걸음 뗀다. 그 순간 역사가 시작된다. 성서의 예언자 중 그 누구도 하나님의 부르심에 선뜻 나선 자가 없다. 답답할 정도로 망설인다. 심지어 오늘 내가 죽는 날이구나 하고 얼어붙는다.

굳이 내가 뭐라고? 내가 독립투사라도 돼? 뭘 그렇게 대단한 일을 하겠다고? 나는 영웅이 되려고 한 적도 없고, 그리 성스러운 인간도 아니라며 슬며시 한 걸음 뺀다. 그걸 내버려

두면 이야기가 이야기가 아니다. 이야기와 만남은 능동이 아니라 수동이다. 찾아간 만남이 아니라 찾아와 사로잡힌 만남이다.

한 의사가 있다. 아직 의대생 시절에 그는 해외 봉사를 나간 자리에서 상처 입은 아이들을 만난다. 해맑게 웃는 아이들의 다리는 흉지고 덧나 있었다. 딱지가 앉은 자리 곳곳은 곪아 있고 제때 치료받지 못한 피부는 부풀어 있었다. 의대생은 아이 다리를 붙들고 한참을 울었다.

영문도 모르는 아이는 의대생의 눈물을 닦아주었다. 의대생은 '그' 현장에서 한평생 걸어가야 할 '그' 길을 찾는다. 비행기를 타고 돌아온 그는 다른 사람이 되어 있었다. 왜 의사가 되어야 하는지 몰랐던 그래서 의대를 탈출하려던 의대생은 지금은 외과 전문의이자 의대생을 길러내는 교수가 되었다.

외과의가 부족한 만큼 수술이란 수술은 모두 도맡아 한다. 밥 먹듯이 수술을 하고 야근은 일상이 되고 워라벨은 꿈도 못 꾼다. 그런 의사는 그 어느 때보다 살아 있는 것 같다며 방긋 웃었다. 나도 덩달아 웃으며 그 이야기 속으로 빠져들었다.

서울을 벗어난 수도권 외곽에 이제 갓 걸음을 뗀 종합병원의 외과를 맡아 가게 된 의사에게 물었다. 도대체 왜 갔냐고? 의사는 의대생 때 만난 아이를 잊을 수 없었노라고 답했다. 그 아이를 위해 세우기로 한 병원의 꿈을 자신은 계속해서 꾸고 있다고 했다. 그 병원을 세우기 위해 신생 병원에 일부러 지원했다는 것이다. 나는 그날 환상을 봤다. 이미 세워져 있는 그 병원의 모습을 말이다. 이미 그것은 이루어진 미래였다. 이 것이 예언이고 이것이 비전이다.

한 미용실이 있다. 컷은 삼천 원, 파마는 만오천 원. 그것도 원장님 마음이 동하면 만원에도 해 준다. 삼천 원 받고 머리를 다듬어 주고 비빔밥까지 준다. 서울 시내에 이런 미용실이 있다니 믿기 힘들었다.

방송국에서 이걸 놓칠 리가 없다. 서둘러 취재를 나간 PD가 묻는다. 왜 이렇게 밥까지 줘가며 미용실을 운영하냐고. 그러자 노년에 접어든 원장은 자신의 사연을 말한다. 자신이 어린 시절에 아버지가 노름빚을 져서 도망치듯 시골로 내려갔단다. 막상 시골에 오니 먹고 살길이 막막해 열여덟 살이 되자마자 서울로 올라와 미용학원에 다니며 기술을 익혔다.

변변한 먹을거리도 없어 숱하게 밥을 굶던 나날들이 이

어졌다. 그때 뭐라도 먹을 때 혼자 먹지 않았단다. 사람들을 불러서 나눠 먹으며 다짐했다. 앞으로 밥은 혼자 먹지 않겠다고 말이다. 그래서 나누고 살기로 했단다.

그 얘기를 듣던 PD와 촬영팀이 울음보가 터졌다. 담담히 자신의 얘기를 풀어가던 원장도 흐느꼈다. 나는 그 미용실이 마치 성소 같아 보였다. 비빔밥 그릇을 들고 앉아 동네 주민들이 이야기를 나누며 울고 웃는 그곳은 <u>거룩한 장소</u>이자 <u>치유의 공간</u>이었다. 동네 사람들은 이 성소에 담근 김치를 싸 오고 달걀 한 판을 들고 오기도 한다. 그렇게 어우러져 한 상을 차린다. 둘러앉아 먹고 마신다. 성만찬도 이런 성만찬은 없다. 성직자들이 배워야 할 대목이다. 성직자들이여, 달걀 한 판 사서 미용실로 가라! 가서 이야기와 만나라. 성소에서 사람을 먹이고 눈물을 닦아주는 성소 지기와 만나라. 그대들의 강론과 설교는 분명 달라질 것이다.

위대함과의 공명

폴사장이라 불리는 빵집 사장이 있다. 중국에 가서 사업에 성공해 100억을 버는 게 폴사장의 목표였다. 그 큰돈을 벌려면 중국에서 10년은 버텨야 했다. 그러려면 뭔가 기술이 필요했다. 그때 떠올린 것이 빵이었다. 빵은 어느 나라에서나 먹는 것이니 제빵 기술이 있으면 중국에서 10년 버티며 100억 벌 기반을 마련할 수 있을 것 같았다.

그 길로 짐을 꾸려 일본으로 갔다. 도쿄에 도착한 폴사장은 자전거를 한 대 빌려 도쿄 시내를 빙 돌았다. 그러다가 한 빵집에 사람들이 장사진을 치고 있는 걸 보고 가게 문 닫기를 기다렸다가 주인을 만난다. 음악을 좋아하는 빵집 주인은 그야말로 빵에 진심인 제빵 장인이었다. 통사정 끝에 폴사장은 제빵 장인의 제자가 된다.

서울로 돌아온 그는 홍대에 빵집을 차린다. 처음 수입은 육만 원. 턱없이 부족한 수입에 실망했을 법도 한데 폴사장은 자신의 빵을 알아줄 사람들이 서울시 인구 중 0.1%는 있다고 믿었단다. 만 명에게만 팔아보자. 그 만 명의 사람을 만나기 위해 1년만 버티자. 이런 심정으로 그는 가게를 이어간다.

그렇게 일군 폴앤폴리나는 창업하고 일 년도 안 되어 '빵 덕후'의 '빵성지'로 소문이 나서 줄 서는 빵집이 됐다. 당시 한창 뜨는 프로그램인 수요미식회에 소개되어 빵은 날개 돋친 듯이 팔려나갔다. 마침내 '더 현대'에도 입점하게 된다. 폴앤폴리나는 단순함의 미학이 돋보이는 가게다. 가게에 들어서면 컨시어지가 있고 담당자가 정성껏 안내한다. 빵 종류는 이십여 종 남짓이다. 진열된 빵은 그보다 더 적다.

간식 빵이 아닌 식사 빵을 보급하려는 폴사장의 고집 때문이다. 백여 종이 넘는 빵을 만들려다 보니 품질에 집중하기 어렵고 큰 매장 규모를 유지해야 하고 커다란 밀가루 포대를 이고 지려니 여성이 일하기 어려웠다. 이런 환경을 개선하여 오늘의 제빵 시스템을 구축했다. 폴앤폴리나의 제빵사 대부분이 여성이다.

폴앤폴리나 제빵사들은 저마다 솜씨를 뽐내며 빵을 만든다. 빵도 얼굴이 있는지 제빵사들은 자신의 손을 거쳐 간 빵을 대번에 알아맞힌다. 생지를 받아다 만드는 프랜차이즈 빵과는 차원이 다른 빵이다. 폴앤폴리나의 제빵사들은 최고의 빵집에서 일한다는 자부심이 넘친다.

폴사장에게 어떤 빵을 만들고 싶냐고 물은 적이 있다. 그때 주저함 없이 성찬식에 쓰일 빵이란 대답이 돌아왔다. 폴사장은 하나님께 올려드려도 손색없는 그런 빵을 만들고 싶다며 설명을 덧붙였다. 아픔이 길이 되면 살길이 열리고 하늘길이 열린다.

폴앤폴리나가 식사 빵을 만든 이후로 800여 개가 넘는 식사 빵 전문점들이 생겨났다. 마케팅이 <u>시장을 새롭게 만드는 것</u>이라면 폴사장은 마케팅 천재다. 더불어 프랜차이즈 빵집에 기가 눌려 창업은 엄두도 못 내던 예비 창업자들에게 베이커리 창업의 길을 연 선구자이기도 하다. '이야기'는 폴사장을 먼저 불러내고 덩달아 나만의 빵을 만들고 싶은 사람들을 줄줄이 알사탕처럼 엮어냈다.

우리 중 누군가는 예민한 감각을 지니고 있다. 그냥 지나치고 넘길 수 없는 예민한 영역이 있는 것이다. 외면하려 할수록 그것은 더 큰 소리로 외친다. 아니 부르짖는다. 귀를 막아도 소용없다. 외면해도 헛일이다. 그것은 도처에서 소리를 지르고 모습을 드러낸다.

부름에 응답하는 것은 <u>자유가 아닌 숙명</u>이다. 그 부름 앞에서 다른 가능성은 사라지고 단 하나의 사랑에 사로잡힌다. 마치 세계적인 건축가 가우디가 바르셀로나의 랜드마크인 사그라다파밀리아를 위해 자신의 전 생애를 바친 것처럼 말이다. 가우디는 그 완성을 보지 못하고 죽음을 맞이한다. 사그라다파밀리아는 아직도 건축 중이다. 가우디의 비전은 아직도 사그라지지 않고 활활 타오른다. 이 세상 것이 아닌 듯 인공물이 자연물처럼 느껴지는 신비로운 공간 사이로 천상의 빛처럼 느껴지는 스테인드글라스 채광이 비칠 때 전 세계에서 찾아온 사람들은 눈물을 흘린다. 2014년 바로 그 자리에서 내가 경험했던 일이다.

위대함은 소명과 공명한다. 그것은 마치 이 세상의 시작에서부터 깃들어 있는 창조의 목적과도 같다. 세상이 어떠해야 함과 그것 사이에 벌어진 균열에서 위대함은 소리를 지른다. 와서 이 소명을 받들라는 듯이 말이다. "이제까지 너의 모든 삶은 이날을 위한 준비였어." 소명은 그렇게 말한다.

그런 순간을 경험한 적이 있는가? 이 모든 것이 바로 이 순간, 이 무대, 이 사람들을 위해 준비된 것임을 깨닫는 순간 말이다. 내가 이제까지 먹고 마시고 웃고 울고 읽고 쓰고 익히고 넘어지고 일어났던 그 모든 순간이 바로 지금 여기 이 자리를 위한 것임을 깨닫는 그런 순간 말이다.

그것이 위대함이다. 리더는 위대함과 공명한다. 넬슨 만델라는 위대함에 공명해서 자동차 바퀴에 사람 목을 걸어 휘발유를 붓고 불을 붙여 죽이는 잔혹하다는 말로는 턱없이 부족한 그 악한 정부와 맞서 싸웠다. 그가 감옥에 있는 동안 동료들은 그렇게 죽어갔다. 마침내 자유를 얻은 만델라를 보고 사람들은 피의 보복이 시작되리라 믿었다. 복수는 없었다. 넬슨 만델라와 데스몬드 투투 주교는 진실과 화해 위원회를 만들어 복수의 칼날은 무디게 하고 용서와 포용의 띠는 강하게 했다.

만델라는 이제까지 자신의 모든 삶은 용서와 화해를 위해 준비되어 온 것임을 깨달은 사람이다. 남아프리카 공화국의 피비린내 나는 잔혹극을 끝내고 평화를 가져오는 소명에 만델라는 응답했다. 용서는 사전에서 걸어 나와 삶의 한복판에서 그 힘을 발휘했다. 인종 차별을 대수롭지 않게 하는 나라라며 입국 비자를 거부당했던 남아프리카 공화국 사람들은 이제 넬슨 만델라의 나라이자 평화의 나라에서 온 사람들이라며 존경의 인사와 함께 입국 스탬프를 받는다.

꿈을 접고 현실에 적응하라는 협잡꾼들 사이에서 네가 뭘 할 수 있느냐는 말에 포로 되지 않고 나라도 뭘 하겠다는 결단이 낳은 위대함이다. 듣도 보도 못하던 꿈을 꾸고 이게 다인 줄로만 알고 살던 내 앞에 이것과는 질적으로 다른 어떤 것이 나타난다. 얼핏 보고 살짝 맛본 게 다인데 잊히질 않는다. 내 모든 것을 팔아서라도 갖고 싶고 속하고 싶은 그런 세상을 미리 맛본 사람은 이전으로 돌아갈 수 없다.

나는 이야기를 부추기는 사람이다. 판을 깔아 놓고 그 안에서 마음껏 자기 이야기를 꺼내도록 돕는 역할을 한다. 그 과정에서 나는 여러 스승을 만났다. 우직하게 삶을 살아나간 이들의 이야기를 여기서 나누고 싶었다. 그들은 자신의 삶에서 마주한 아픔을 외면하지 않았다는 점에서 위대하다.

내면의 소리에 귀 기울이고 다른 사람도 듣게 하는 것이 위대함에 대해 내가 아는 전부다. 자신의 내면에서 울리는 소리에 정직하게 반응하는 사람은 이미 위대함의 발걸음을 뗀 셈이다. 로자 파크스는 영혼의 피곤함에 정직하게 반응했다.

소방관은 다시는 골든타임을 놓치지 않았다. 혼자 밥 먹지 않고 비빔밥을 나눈 원장은 미용실을 성소로 만들었다. 성찬식에 올릴 빵을 지금도 굽고 있는 폴사장은 골목 빵집이 살아남는 길을 텄다. 의료 봉사 현장에서 만나 아이의 얼굴을 기억하는 의사는 지금도 수술실 문을 연다. 러빙핸즈의 멘토는 일주일에 한 번 아이와 만나 친구가 된다.

무슨 얘기를 해도 괜찮은 안전한 공간을 만나면 내면의 교사는 우리를 소명의 자리로 인도한다. 공간은 빌 공空에 사이 간間이다. 비어 있기에 채워질 수 있다는 의미에서 공은 가능성의 자리다. 공과 공이 겹겹이 연결되는 지점이 바로 간이다. 가능성과 가능성이 만나 새로운 세계를 연다는 의미가 공간이란 단어 자체에 깃들어 있는 셈이다.

이야기와 이야기가 만나는 안전한 공간을 만드는 것이 퍼실리테이터의 역할이다. 시시때때로 위대한 이야기와 만나는 퍼실리테이터로서 살아가는 삶이 나는 만족스럽다. 인간은 위대하다. 그 안에 놀라운 지혜가 있다. 우리는 그 지혜를 이야기 안에 담아 두고 산다. 안전한 공간에서 이야기와 이야기가 만날 때 새로운 가능성은 열린다.

열린 공간에서는 다양한 피부색의 아이들이 식탁에 둘러앉아 먹고 마신다. 아이와 어른이 친구가 된다. 경제성이 없는 지역에도 종합병원이 세워진다. 동네 가게에는 손님이 가득하고 그 손에는 비빔밥 한 그릇이 들려 있다.

T1은 어떻게 위대한 이야기를 만났나

1 위대한 이야기는 끝이 없다

    2024년 11월 영국 런던에서 열린 롤드컵 결승. 3년째 동일한 주전 멤버로 출전한 T1은 최초의 동일멤버 2회연속 우승이라는 초유의 기록과 함께 통산 5회 우승을 달성했다. 이날의 결승전도 명승부로 기록될 만한 경기였다. 세트 스코어 2-1로 경기를 내줄 위기, 4세트마저 흐름을 내주며 패색이 짙어지고 있었다. 안간힘을 다해 버티고 있던 상황에 페이커가 클러치 플레이들을 수차례 만들어 내며 분위기를 가져왔고 그 흐름 그대로 5세트에서 우승을 확정지었다. 페이커는 또다시 '역대급 활약'을 하였으며 상대팀 중국의 팬들에게도 "페이커는 실수한 적도 패배한 적도 있지만 결코 겁먹은 적이 없었다."는 극찬을 듣기도했다.

    롤드컵 우승으로 2024년도 해피엔딩이 되었지만 섬머시즌까지만 해도 T1은 고전을 면치 못했다. 롤드컵 예선전에서도 고전하며 디펜딩 챔피언이 본선 조차 나가지 못할뻔한 순간도 있었다. 하지만 T1은 마지막 기회를 붙잡아 기어코 롤드컵에 출전했고 우승까지 하게된다. T1과 페이커에게는 수많은 찬사가 쏟아졌고 그 많큼 많은 서사들이 전해졌다.

T1은 그들안에 있는 이야기를 만나 밖으로 끌어냈고 계속해서 사상 초유의 일들을 만들가며 위대한 이야기를 이어가고 있다. 인터뷰때 마다 그들은 선한 영향력과 긍정적인 기운들을 팬들이 받아, 팬들의 생활속에서 이어가길 바란다고 한다. 팬들도 역시 그 이야기를 만난다면 또다른 위대한 이야기가 쓰여 질 것이다. 그렇게 위대한 이야기는 끝이 없다.

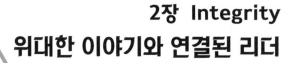

2장 Integrity
위대한 이야기와 연결된 리더

#견고한 중심 #소명처

#안전한 공간 #충만한 삶 #선포

자기확신

가을 단풍이 한창인 서울숲에서 오랜만에 김종찬 사장과 만났다. 20대 중반인 김 사장은 앳된 얼굴과 달리 사업 얘기를 할 때면 눈빛이 싹 달라졌다. 흡사 춤 경연 프로그램인 '스트릿우먼 파이터'에서 프로 댄서들이 춤이 시작될 때 눈빛이 확 달라지는 것처럼 말이다. 김 사장은 시종일관 확신 있는 어투로 말을 이어갔다.

웹툰 '미생'에서 사회 초년생인 인턴사원 둘을 앞혀 놓고 직장 생활에 잔뼈가 굵은 선 차장은 '기획서를 왜 쓰는 것 같

냐?'고 묻는다. 멀뚱히 쳐다보는 까마득한 후배들에게 선 차장
은 기획서는 상대를 설득하기 위해서 쓰는 거라고 답한다.

'그렇다면 왜 대부분의 기획서는 쓰레기통으로 들어가는
가?' 선 차장의 질문이 이어진다. 자문자답하듯 선 차장은 이
렇게 덧붙인다. 자신이 설득되지 않은 기획서를 올리니 그것
을 읽는 사람을 납득시킬 수 없다는 것이다.

사업에서의 성패는 <u>자기 확신</u>에서 출발한다. 김종찬 사
장이 확실한 증거다. 설득되어 있는지 아닌지는 그 사람의 태
도에서 드러난다. 그 태도를 손님들은 기가 막히게 알아차린
다. 이것이 장사의 묘미이자 무서운 점이다.

막상 장사를 시작하려고 보니 자본금이 부족했다. 대출
을 받았음에도 턱없이 부족한 자금 사정 탓에 김 사장은 셀프
인테리어에 도전했다. 실제로 매장에 가보니 인테리어가 엉성
했다. 손님들도 다른 건 다 만족스러운데 매장 인테리어가 아
쉽다는 후기를 남기곤 한단다. 되새김질하듯 말하는 김종찬
사장의 표정은 결연해 보였다. 돈이 없으니 어쩔 수 없다는 식
으로 얼렁뚱땅 넘어가는 게 아니라 어떻게 하면 손님들을 만
족시킬 수 있을지 고민하는 영락없는 프로 장사꾼의 모습이었

다.

김 사장은 학창 시절부터 요리에 관심이 남달랐다. 유치원 시절부터 꿈이 요리사였던 김 사장은 조리과학고등학교에 진학하여 꿈에 한 걸음 다가선다. 고교 때는 요리 실습과 요리 경연 대회에 나가 경험을 쌓는 일에 집중했다. 덕분에 요리 경연 대회에 나가 금메달을 따기도 했고 조기 취업에도 성공했다.

명동 한복판에 자리 잡은 이탈리안 레스토랑 '비꼴로'에서 김 사장의 요리 이력은 본격적으로 시작된다. 1년 3개월 동안 이탈리안 요리의 기본기를 익힌 김 사장은 쉬는 날에도 끊임없이 서울 장안의 내로라하는 파인다이닝 매장을 찾아다녔다. 음식을 맛보고 기록을 남기고 쉐프를 직접 만나 안면을 텄다. 그런 인연으로 입대 전에 몇 달간 소문난 파인다이닝에서 견습 기회를 얻고 제대 후에는 미쉐린에도 소개된 면 전문점에서 일자리를 얻게 되면서 성수에 입성한다.

성수에서 보낸 3년은 김 사장에게 사업의 기반이 마련되는 시기였다. 샤퀴테리 육가공 전문업체인 '세스크멘슬'에서 일한 덕분에 김 사장은 스페인산 생햄의 최고등급인 베요 타요 타 스페인산 생햄부터 프로슈토까지 다양한 생햄을 빙수에 올리는 과감한 시도를 해 볼 수 있었다. 몇 차례 거듭된 실험 끝에 프로슈토와 멜론이 올라간 세상 어디에도 없는 단 하나뿐인 프로슈토 멜론 빙수가 탄생한다. 우리가 인생에서 겪어 낸 것은 버릴 것이 없다는 교훈은 김사장의 일화에서도 되풀이된다.

애플의 창업자 스티브 잡스는 한 대학의 졸업 강연에서 이와 관련된 일화를 소개한다. 학부 때 우연히 영문 폰트에 관한 수업을 듣게 된 잡스는 훗날 애플 컴퓨터 폰트를 만들 때 수업에서 배운 내용을 활용한다. 연설 끝 부분에 잡스는 우연인 줄로만 알았던 것이 필연으로 연결되어 모자이크를 완성했던 순간을 감동적으로 회상한다.

지금은 그 쓸모를 다 알 수 없는 일도 나중에는 선명하게 그 의미가 드러난다. 우연이란 조각들이 모여 필연이라는 작품을 빚어내는 것이다. 스티브 잡스의 폰트와 김 사장의 프로슈토처럼 말이다.

메뉴를 개발하고 가게 이름을 지으면서도 김 사장은 끊임없이 SNS에 아이디어를 공유했다. MZ 사장의 당찬 도전에

SNS 지인들은 아이디어를 보태고 응원을 보냈다. 알음알음 사람들의 지혜를 모아 '기댈빙'이란 가게 이름을 지었다. 기댈 수 있는 사람, 관계, 장소를 표방한 '기댈빙'이 성수의 사랑방 같은 곳이 되기를 김 사장은 꿈꾼다.

고대 근동에서는 나그네가 낯선 동네에 가면 딱히 머물 만한 곳이 없었다. 이런 이유로 고대 근동의 사회에서는 환대가 문화로 자리 잡았다. 자신의 동네에 찾아온 나그네를 어느 집이든 환대하면 자신도 다른 동네에 갈 때 환대받으리라는 상호 신뢰가 굳건히 자리잡힐 때만이 안전한 여행이 가능했기 때문이다. 인생 또한 여행이다. 인생길에 잠시나마 쉬어 갈 수 있는 환대의 자리를 마련해 주고 싶은 김 사장의 바람은 현실이 되어 성수에서 사람들 사이에 관계의 꽃을 피우고 있다.

'기댈빙'은 이제 봄과 여름 그리고 가을을 났다. 계절적으로도 그러하거니와 사업적으로 겨울을 나야 할 때다. 사시사철을 난 적 없고 삼 년을 한 장소에서 버텨 본 경험도 없이 사업 성공을 논하는 것은 섣부르다.

'러빙핸즈'라는 비영리단체에서 주최하는 강연에 초대받은 김 사장은 MZ 세대들과 만난 자리에서 왜 성수에서 빙수

가게를 시작했느냐는 질문에 이렇게 답했다.

"그동안 크고 작은 일을 겪으며 성장통을 경험한 초보 창업가인 저는 이때까지 주변의 도움을 받아 여기까지 왔습니다. 이런 행복한 경험을 동네 작은 사랑방인 '기댈빙'에서 나누고 싶습니다."

자리를 가득 메운 MZ 세대 예비 창업가들은 강연이 끝나자 김 사장과 사진을 찍고 SNS 맞팔을 했다. 강연 후에 들은 얘기로는 이때 맞팔을 한 사람들이 어느새 찾아와 강연 후기까지 남겼다고 한다. 가치 있는 삶을 추구하니 따르는 사람이 생긴다. 팬들이 알아서 입소문을 내주고 주변 사람들을 데려온다. 가치를 공유한 사람들이 팀을 이뤄 세상에 그 가치를 실현해 내며 보다 나은 세상을 꿈꾼다.

사람을 살리는 사람

"어공이란 말 들어보셨어요?"

가톨릭대학교 상담심리대학원에 초대 강사로 온 안해용

단장은 너스레를 떨었다. 아는지 모르는지 자리에 앉은 예비 상담가들은 안 단장의 입만 쳐다보고 있었다. "어쩌다 공무원이 된 저 같은 사람들을 어공이라고 합니다." 웃음이 번져 나갔다.

안 단장은 본래 개신교 목회자였다. 2008년에 한 학교의 강당을 빌려서 교회를 개척했다. 공부 욕심도 많아 상담과 복지를 전공하고 에밀 뒤르켐의 이론을 연구하여 박사학위까지 받았다. 목회 활동을 하면서 사회 참여도 적극적으로 하고 교회 개혁 운동에 뛰어들어 작은 교회 운동을 이끌기도 했다. 종교와 사회 안팎에서 활약한 보기 드문 목회자다.

오랜만에 연락이 닿아 안 단장을 만났다. 앉기도 전에 안 단장은 어떻게 지냈냐며 안부를 물었다. 꽤 오래 알고 지낸 막역한 사이라서 나도 술술 내 얘기를 꺼내 놓았다. 우리 둘 다 종교와 사회 참여 영역을 넘나들며 활동하고 있다 보니 얘기가 잘 통했다.

안 단장은 나에게 "꼭 모자이크 같아요"라며 지난 세월을 한마디로 요약했다. 힘들게 살아온 가정환경 탓에 복지와 상담에 관심을 가졌고 전공까지 하게 됐다. 개신교회가 큰 건물을 짓고 대형화되는 것에 고민이 많아 건물을 임대하거나 사지 않고 교회를 개척했다. 일요일에는 학교 건물을 빌려 예배를 드렸다. 학생들에게는 장학금을 주고 학교 행사에도 적극적으로 참여했다.

학교 운영위원회 위원이 되어 활동한 경력은 교육청에서 일할 기회가 주어졌을 때 현장 전문가로 활약하는 밑거름이 되었다. 개척한 교회 담임 목사직을 후배에게 물려주고 작은 교회를 찾아 떠난 길에 성공회대학교의 이재정 신부를 만난다. 통일부 장관을 역임하고 대학으로 돌아가 교수직을 수행하다가 은퇴한 이 신부는 은퇴한 개신교 여러 교파의 목회자들과 작은 공동체에 모이고 있었다. 소소한 일상을 보내던 이 신부는 아직 식지 않은 교육에 대한 열정으로 경기도 교육감 선거에 나가 당선된다. 평소 안 단장의 인품과 교육에 대한 열정을 알고 있던 이재정 교육감의 추천으로 안 단장은 교육계에 봉사할 기회를 얻는다. 물론 그는 여러 번의 검증 절차를 받았다. 그저 관심이 가고 기회가 닿아 우연히 했던 공부이고 봉사인 줄로만 알았던 전공과 교육 위원회 활동이 검증 절차에서 중요한 경력으로 인정받아 경기도 학생지원단 단장 역할을 맡게 된다.

불혹의 나이에 상담대학원에 간 나는 대학원 원우회에서 학술부장을 맡았다. 당시 가톨릭대학교 상담심리대학원은 다른 곳에 비해 규모가 커서 단독으로 강사를 초빙해 동계와 하계 강좌를 마흔 개 이상 개최했다. 여느 때와 마찬가지로 메인 강좌 강사를 찾던 중 한국상담심리학회와 경기도 교육청이 MOU를 맺었다는 기사를 봤다.

기사와 함께 첨부된 사진에는 경기도 학생지원단장 안해용이란 설명이 곁들여 있었다. 반가운 마음에 그 자리에서 안 단장에게 전화했다. 몇 차례 신호음이 가고 안 단장과 안부를 주고받은 이후에 거두절미하고 강사로 와달라고 부탁했다.

야간 대학원 특성상 현장에서 이미 상담사로 일하거나 교사로 일하는 분들이 상당수였다. 경기도에 있는 학교에 재직 중이던 선생님들은 안 단장을 익히 알고 있어서 입소문을 내주었다. 덕분에 의대 건물로 쓰고 있는 성의회관 6층 강당이 꽉 찼다.

명불허전! 안 단장의 강의는 사람을 울렸다가 웃겼다가 하며 시간이 언제 지나갔는지 모를 정도로 몰입감이 있었다.

강의를 마친 후 이어진 질의응답 시간에도 연신 손이 올라갔다. 마치 기자들이 인터뷰하듯 질문은 꼬리에 꼬리를 물었다. 현장에서 잔뼈가 굵은 안 단장과 그 못지않은 업력을 지닌 선생님들의 주거니 받거니 문답 릴레이가 이어졌다.

슬기로운 어공 생활을 마치고 안 단장은 지금은 '라이프 호프'라는 자살 예방 단체에서 일하고 있다. 단체 사무실이 있는 건물 일 층에서 오랜만에 만난 안 단장은 여전히 활기차 보였다. 절망에 빠져 마지막 선택을 하려는 사람들에게 살길을 열어주려 애쓰는 그의 모습은 이 길이 우연이 아니라 필연이었음을 증명해 보이는 것만 같았다.

라이프 코칭

"운동하는 분 같아 보이시지는 않는데 어떤 종목 가르치세요?"

십 년 전만 해도 내가 코칭을 한다고 하면 흔히 하는 소리였다. 2000년 대 초반에는 상담받는 사람조차 드물었으니 당시에는 그런 소리를 들을 만도 했다. 지금은 사정이 달라져 상담이나 코칭 인기가 높다. 환자 보조식에 코치란 제품명이 붙기도 하고 학교 성적을 끌어올리는 학습 프로그램을 코칭으로 부르기도 한다.

일반적인 사람들도 이제 연애 코칭을 해줬다든가 인생 코칭을 해 줬다는 말을 심심찮게 쓴다. 코칭이 사람들에게 친숙해졌다는 점에서는 반길만 하다. 이제 코칭이란 용어는 익숙해졌다. 다만 라이프 코칭이나 비즈니스 코칭과 같이 제대로 각 잡고 본격적으로 코칭을 받아 본 사람은 그리 많지 않다는 현실이 안타까울 따름이다.

2000년대 초반 나는 한 교회에서 일하는 동안 코칭 교육을 받았다. 당시 소속된 교회는 일반적인 회사에서도 도입 초기였던 팀제로 부서가 운영되고 있었다. 팀장이라고 해서 팀원들을 마음대로 좌지우지할 수 없었고 부서 담당자들은 자신의 부서만 잘 운영하면 별다른 간섭없이 일할 수 있었다.

팀원 중에 다수가 해외 유학파여서 비교적 자유로운 분위기였다. 탁월한 역량을 지닌 자존심 세고 독자적인 사람들이 모여 있는 덕분에 바람 잘 날도 없었다. 다른 일에는 프로

인 사람들이 팀을 이루는 일에는 젬병이었다. 7만 명에 육박하는 교인 중에 내가 담당한 대학부서는 3천 명 안팎이었다. 일반적으로 전체 성도가 3천 명이면 대형교회 축에 속한다. 단일 부서가 그 정도 규모인 경우는 해외에서도 드물었다.

팀원들 간에 자부심도 넘쳤다. 다들 잘 난 사람이고 잘난 척해도 미워할 수 없을 만큼 실력이 출중하고 책임감 또한 강했다. 겉으로 보기에는 모든 것이 잘 돌아가는 팀이었지만 사사건건 물밑 이상 기류가 감지됐다.

그러던 중 우리 팀원 모두가 일주일간 합숙을 하며 코칭 전문가인 다니엘 오 박사에게 리더십 교육을 받았다. 오 박사는 특이한 이력의 소유자였다. 선임 팀장이 미국의 국제적인 선교 대회에 참석했는데 그때 주강사가 다니엘 오 박사였다. 당시만 해도 한국인이 미국에서 열리는 대형 선교 컨퍼런스에 주강사인 경우는 찾아보기 힘들었다. 신기한 마음에 가서 인사를 하고 강사 섭외까지 밀어붙였다. 그런 인연으로 우리 팀원들은 오 박사에게 매해 코칭을 받고 있었다. 그 당시 내가 참여한 프로그램은 합숙하며 일주일간 진행된 집단 코칭이었다.

내가 대학부에 합류한 시점은 교회 창립 목회자가 조기 은퇴를 선언한 후인지라 10년에서 20년씩 장기로 일하던 목회자들이 다른 곳으로 옮기거나 교회를 새롭게 시작해서 나가던 때였다.

회사로 따지자면 임원급들이 다른 회사 대표로 스카우트 되거나 창업하면서 소위 말하는 바통 터치 시기였던 셈이다. 지금은 대형교회가 된 곳 중 여럿이 이때 개척됐다. 전설적인 개척자 이후 바통을 이어받은 목회자와 호흡을 맞출 인재들을 두루 등용하던 중요한 시기였다.

나는 소위 팀 면접이라는 걸 보고 뽑혔다. 대표나 인사담당자가 아니라 같이 일할 팀이 팀원을 뽑는 방식이었다. 지금으로서는 상식이 된 리크루트 방식이지만 이때만 해도 충분히 화제가 될 법한 시도였다. 개신교계에서는 누구나 한 번쯤 일해 보고 싶던 곳이었던 만큼 일차 서류 심사에 엄청난 인원이 몰렸다. 서류로 1차 거르고 수십 명을 2차로 선발해서 최종 면접을 봤다. 명단에 오른 나는 포위된 사냥감이라도 된 것처럼 초조하게 질문을 기다리고 있었다.

그때 면접 내용은 가물가물하다. 그냥 누군가 우리 교회와 어울리지 않는다는 날 선 피드백을 하기에 떨어졌겠구나 싶었다. 반드시 이 교회여야만 한다는 마음도 없었다. 신학교를 다니던 시절에 대형교회는 가지 않겠다고 공공연히 말하곤 했던 나다. 그런 식으로 말하고 다니다 대형교회에 지원했다고 하니 주변에서 싫은 소리도 해댔다.

최종 결과는 합격이었다. 뽑힌 두 명 중에 한 사람은 수월하게 결정되고 나머지 하나인 나는 갑논을박 끝에 결정됐다고 들었다. 우리 교회와는 안 어울린다는 파와 이런 사람도 하나쯤 있어야 한다는 파가 갈려 한참을 입씨름한 끝에 이런 사람도 하나쯤에 한 표가 더 해져 그 고고한 교회에 입성했다.

행운인지 불행인지 모를 복이 일 복이다. 나는 일복 하나는 확실하게 타고났다. 여기서도 어김없이 가자마자 일이 넘쳐났다. 빼는 스타일도 아니어서 무조건 한다는 말부터 던져 놓고 무작정 부딪혔다. 이런 사람 하나쯤에서 그래도 일은 열심히 하는 사람으로 인식이 바뀌어 갈 무렵 앞서 말한 코칭 프로그램에 참여했다.

본래는 풀타임만 하기로 했는데 파트타임도 끼워준다는 생색을 들어가며 한 자리를 차지했다. 뭐 그렇게 대단한 거라고 이렇게 온갖 생색을 내나 싶었는데 시작되자마자 심상치 않은 기운을 감지했다. 뭔가 큰 게 다가오고 있었다.

듣도 보도 못한 교육 방식이었다. 그리고 쓰고 브리핑하는 것을 반복하고 매시간 미션이 주어지면 머리를 맞대고 풀어갔다. 한 시간, 두 시간 참여하는 시간이 늘어갈수록 마음속 깊은 곳에 묻어놨던 질문들이 슬그머니 모습을 드러냈다.

따로 이야기 하겠지만 거장 프랭크 카프라 감독의 "멋진 인생 It's a wonderful life"을 본 것이 나에게 있어서는 결정적인 전환점이었다. 어딘지 익숙한 장면이 많은 1946년 작품이었다. '블루스올마이티' 같은 상업적으로 성공한 영화들이 오마주한 탓에 영화에는 눈 익은 장면들이 많았다.

교육학을 전공한 오 박사는 선교사를 재훈련시키는 특수 부대 훈련 교관 같은 인물이었다. 실제로 선교사들은 오지에서 활동하는 경우가 다반사기이기에 선교 훈련 프로그램 중에는 해병대나 네이비씰에서 받을 법한 훈련들이 있다. 여기서는 개인 역량보다는 팀워크를 우선한다. 당연히 훈련 교관을 하는 선교사는 험지에서 버텨 생존한 베테랑이다.

이제 갓 마흔을 넘긴 오 박사는 나이에 비해 험지 경험이 풍부한 베테랑 선교사였다. 이론과 실제가 이상적으로 통합된 인간상이라고나 할까. 리더십 교과서에나 존재할 법한 이상적인 리더였다. 당당하면서도 예의 바르고, 긴장을 늦추지 않으면서도 넉넉함을 보이는, 모순적인 면모가 괴리 없이 한 인격 안에 공존하는 보기 드문 리더십 절정 고수였다. 말로만 들어봤던 참된 리더 상을 실제로 만나니 그저 놀라웠다.

그렇게 존재 자체로서 아우라가 있는 인물과 먹고 자고 마시고 이야기를 나누는 경험은 특별했다. 명문대를 나오고 미국 시민권이 있고 단체 대표였지만 권위주의적인 특권의식이라곤 찾아볼 수 없었다. 워크숍 내내 촌스러울 정도로 투박한 점퍼를 입고 있었으나 오 박사는 감히 함부로 대할 수 없는 권위가 있었다.

미국에서 꽤 유서 깊은 비영리단체 대표들을 교육할 만큼 오 박사의 코칭 역량은 탁월했다. 한 치의 빈틈도 허용하지 않고 파고드는 질문은 언제나 중심을 꿰뚫었다. 매 세션 이어지는 강력한 질문에 참석자들의 가면은 하나씩 벗겨졌다.

나에게는 더할 나위 없이 고통스러운 시간이었다. 살가죽이 억지로 뜯겨 나가는 것만 같았다. 보기 싫은 걸 보게 되니 시원함 못지않게 두려움이 엄습했다. 울기도 하고 화를 내기도 하고 떼를 쓰며 저항했다. 대개 그런 모습을 보이면 상담자나 멘토가 기겁하고 나를 달래기 바빴다. 그렇게 나는 내가 흔들면 오 박사도 요동 칠 줄 알았다. 이번에는 달랐다. 오 박사는 흔들리지 않았다. 온갖 방식으로 강짜를 놓아도 그는 내 방해 공작을 그대로 받아넘겼다. 마음 중심이 그렇게 견고한 사람은 처음 봤다. 어떤 사람이 와서 부딪혀도 흔들리지 않고 중심을 유지한 채 오박사는 우리를 감싸 안았다.

<u>안전하게 의지할 수 있는 건강한 리더</u>가 바로 오 박사였다. 마치 살아있는 코칭 교과서를 접하는 기분이었다. 나는 코칭을 이론으로 배웠다기보다 그때 코칭을 체화한 인격을 통해 코칭을 경험했다. 복도 이런 복이 없다.

마음 깊이 묻어 두었던 답 없던 질문이 실타래처럼 풀리기 시작했다. "하나님 도대체 나한테 왜 이러십니까?" 하고 항변했던 지난날들의 의문이 어렴풋하게나마 깨달아졌다. 코앞의 모자이크 조각만 바라보다가 한 걸음을 물러나 모자이크 전체를 조망하니 하나님의 손길에 의해 빚어진 작품 전체가 눈에 들어왔다. 굴곡지고 모난 부분조차 아름다웠다.

멋진 인생

대미는 마지막 날 팀원들과 함께 본 "멋진 인생"이었다. 이야기가 나를 훑고 지나가며 그동안 살아온 세월을 관통했다. 나의 이야기와 베일리의 이야기가 교직 되는 그 지점에서 나는 다시금 소명과 만났다.

"멋진 인생"의 주인공 조지 베일리는 모험심이 강한 소년이다. 언젠가 전 세계를 여행하는 꿈을 꾼다. 하지만 베일리는 나고 자란 베드폴드를 벗어나지 못한다. 베드폴드에서 베푸는 사람으로 베일리는 살아간다. 겨울 썰매를 타던 동생이 호수에 빠지자 베일리는 주저하지 않고 뛰어들어 동생을 구한다. 아르바이트하던 약국 주인 가우어씨가 아들을 잃은 슬픔에 조제약에 독극물을 잘못 넣은 것을 베일리는 뭇매를 맞으면서도 끝까지 알려 여러 사람을 구하기도 한다.

베일리의 아버지는 베드폴드에 사는 사람들이 자기 집을 갖도록 일평생 도왔다. 가난한 사람들에게 보금자리를 마련해 주는 일은 베일리 집안의 금지였다. 아버지는 베일리가 이 일을 이어받기를 바랐으나 당장은 아니었다. 베일리는 세계여행을 다녀온 후 세계적인 건물을 짓는 건축가로 살기를 바랐다.

어렵게 모은 돈으로 세계여행을 떠나려는 베일리는 아버지의 부고를 듣고 여행을 포기한다. 이제 베일리는 아버지를 대신하여 베트폴드 사람들이 집을 갖도록 돕는다. 베일리가 회사를 꾸려가는 동안 동생은 도시로 나가 대학을 마친다. 동생이 돌아오면 동생에게 회사를 맡기고 못다 이룬 세계여행을 떠나려 했던 베일리는 동생이 결혼할 사람을 데리고 오자 자신의 꿈을 접는다.

전쟁이 나서 동생이 참전하러 유럽 전선으로 떠난 때에도 베일리는 청각장애 때문에 병사로 지원할 수도 없어 베트폴트에 머물며 후방사업을 지원한다. 이래저래 베일리는 베드폴드를 벗어나지 못한다. 그러는 동안 베일리는 어린 시절부터 베일리를 좋아했던 메리 해치를 만나 결혼한다. 베트폴트의 사람들은 베일리 덕분에 집을 얻고 베일리도 헌 집을 수리해 가족을 이룬다.

이런 조지 베일리가 눈엣가시처럼 여겨지는 사람이 있었다. 베드폴드 마을 전체를 자신의 것으로 만들려는 야욕을 품고 있는 자산가 포터였다. 돈으로 베일리를 매수하려던 포터는 제안을 거절당하자 호시탐탐 베일리를 쓰러뜨릴 기회만 엿본다.

그러던 어느 날 삼촌 빌리가 사업비 8천 달러를 은행에 입금하려던 중 잃어버린다. 우연히 그 돈은 포터의 손에 들어갔고 베일리는 감옥에 갇히고 회사는 파산할 위기에 처한다. 보석금을 내고 잠시 풀려난 베일리는 방황하던 중 가족들이 보험금이라도 받을 수 있게 하려고 다리에서 뛰어내릴 결심을 한다.

곤경에 처한 베일리를 위해 마을 사람들은 기도한다. 이때 수호천사 클라란스가 나타나 베일리보다 먼저 물에 뛰어들고 베일리는 물에 빠진 클라란스를 구한다. 평범한 동네 아저씨 같은 모습을 한 클라란스가 자신의 수호천사라는 사실을 베일리는 믿지 못한다.

어떻게든 베일리를 도우려고 궁리하던 클라란스는 베일리가 불쑥 내뱉은 "태어나지 않았더라면 좋았을 텐데"라는 말이 현실이 되게 만든다. 여기서부터는 스포일러니 영화를 보고 싶은 이들은 건너뛰기 바란다!

조지 베일리가 없는 베트폴트는 어떤 세상일까? 도시는 이미 재력가 포터의 손에 넘어갔다. 사람들은 집을 구하지 못해 거리의 빈민이 되었고, 밤거리는 유흥가로 변했다. <u>한 사람의 영향력</u>이 이 정도로 크단 말인가. 수호천사 클라란스는 놀란 듯 혼잣말을 한다.

베일리가 없으니 메리는 아직 미혼이다. 그 둘이 결혼하지 않았으니 아이들도 없다. 초라했지만 정성껏 수리하고 꾸민 보금자리는 형편없이 망가진 폐허 상태다. 베일리는 울부짖는다. 태어나지 말았을 것이라고 했던 그 한마디를 한없이 후회한다.

울부짖던 베일리는 꿈에서 깬 것처럼 원래 상태로 돌아간다. 해결된 건 없었다. 여전히 회사는 도산할 위기 앞에 놓여 있고 자신은 감옥에 갈 처지인 것은 다름없지만 베일리는 시내를 뛰어다니며 사람들에게 메리 크리스마스를 외친다.

횡령이라는 오명까지 덮어쓸 위기에 처한 베일리를 위해 마을 사람들은 십시일반 돈을 모아 베일리를 찾아온다. 그 야말로 남녀노소 가릴 것 없이 베일리를 응원하고 심지어 금융 감독관까지 기부 행렬에 동참한다.

태어나지 않았으면 좋았을 것이라며 울부짖던 베일리는 이제 아기 예수의 탄생을 기념하는 노래를 부르며 사람들과 함께 서 있다. 그 무엇도 이제 자신의 꿈을 막을 수 없다는 당당한 자신감으로 베일리는 두 팔 가득 가족들을 부둥켜안고 희망을 노래한다.

영화는 끝났다. 아무 말도 없었다. 엔딩크레딧이 올라갔지만 아무런 미동조차 없었다. 모두가 울고 있었다. 아니 울음을 참고 있었다. 두 볼을 타고 내리는 눈물과 울음을 집어삼키는 신음만 간간이 새어 나왔다.

한참 기다리던 오 박사는 영화가 끝났으니 잠시 쉬자고 제안했다. 말이 떨어지기 무섭게 모두 밖으로 나가 핸드폰을 꺼내 가족들에게 전화하기 바빴다. 나는 동생에게 전화했다. 뭐라 했는지 기억은 안 나는데 그냥 고맙다는 말만 연거푸 한 것 같다. 울먹이며 고맙다는 말만 되풀이하던 나에게 동생은 심히 걱정스러운 목소리로 워크숍에서 무슨 일 있었냐며 힘들면 그냥 내려오라고 했다.

아니 그런 거 아니라고, 너무도 기쁜 날이라고, 보고 싶다고, 사랑한다고, 말을 끝맺지 못하고 전화를 끊었다. 밤하늘

위로 지나간 내 인생이 주마등처럼 스쳐 지나갔다. 이유도 모르고 맞은 매라 생각했던 지난날이 실에 구슬이 꿰어지듯 하나로 연결되는 순간이었다.

이유가 있었구나! 여기까지 온 세월이 다 우연은 아니었구나. 삶에는 이유가 있다. 살아가야 할 이유가 있구나. 깨달아지는 순간이었다. 기쁨에 마음이 벅차올랐다. 무엇이든 할 수 있고, 무엇이든 될 수 있을 것만 같았다. 진짜 나와 만난 날을 지금도 잊을 수 없다.

삶의 의미 발견

황소 한 마리를 손질하는 요리사의 솜씨에 감탄하여 문혜군이 말한다. "완벽하고 훌륭한 기술이다!" 요리사는 기술이 아니라 도를 따른 것으로 존재 전체로 소를 파악하노라 주인에게 아뢴다. 서툰 요리사는 뼈를 다치게 해 매달 칼을 새로 바꾸고 능숙한 요리사는 살을 베기에 일 년에 단 한 번만 칼을 바꾸나 자신은 19년 동안 칼 하나로 수많은 소를 잡았다고 한다.

바람에도 길이 있고 소를 잡는 칼에도 길이 있다. 이 정도 경지면 도라 해도 나무랄이 없다. 얇고 날카로운 칼이 틈새를 비집어 바람이 계곡을 지나듯 칼이 살과 뼈를 지나 살뜰하게 고기를 잘라놓는다.

우리에게 강점은 이 요리사가 19년간 사용한 칼과 같다. 강점이 단단하고 날카로울수록 틈새를 비집고 들어가 어떤 문제든 꿰뚫어 버린다. 이런 칼은 달리 갈지 않아도 19년을 쓴다. 쓰면 쓸수록 칼은 자연스레 벼려진다. 갈거나 다른 칼로 바꿀 필요도 없다. 내 손에 맞는 칼로 틈새를 파고든다. 달리 비결이랄 것도 없다.

컨셉을 날카롭게 한다는 표현도 요리사의 칼과 일맥상통한다. 날카로운 컨셉에 대한 얘기를 나는 일찍이 폴사장에게 들었다. 때는 바야흐로 2008년이었다. 교회를 개척하고 얼마 안 되어 이대 근처에서 창업한 분들과 처음 연을 맺은 시기다.

딱히 건물을 임대하거나 짓지 않고 일요일에 장사를 안 하는 레스토랑에서 주일 예배를 드렸다. 빌려 쓰는 공간의 주인장이 알음알음 사람들을 모아 놓더니 독서 모임 비슷한 조찬 모임을 하자는 것이 아닌가. 어찌 주인장 말을 함부로 거역할 수 있으랴. 어쩌다 조찬 모임이 그렇게 시작됐다.

예닐곱 명이 한 달에 한 번 꼬박꼬박 모였다. 책은 핑계고 수다 떠는 게 좋은 아저씨들 모임이었다. 강남 한복판에서 호기롭게 교회를 시작한 나는 답답한 마음을 모일 때마다 털어놓았다. 교회 근처도 안 가본 사람들에게 위로도 받고 격려도 받는 신기한 경험을 그때 그 모임에서 했다. 쿵 하면 짝하고 알아들으니 뜻이 통하고 모일 맛도 났다.

알고 보니 개척이나 창업이나 일이 돌아가는 형편이 크게 다르지 않았다. 사람들과 아웅다웅하며 살아가는 일이 그 근본에서는 궤를 같이했다. 비교적 나이 어린 내가 성직자란 이유만으로 책도 고르고 모임 나눔도 주도했다. 서로 존중하고 아낌없이 나누는 힘을 북돋는 모임이었다.

거기서 '폴앤폴리나'라는 빵집을 홍대에 연 폴 사장을 만났다. 연배는 나보다 한참 위 형님인 폴 사장은 말로 표현하기 힘든 아우라를 지닌 재야의 고수 같은 인물이었다. 잠잠히 침묵하거나 고개를 괴고는 가만히 듣다가 불쑥 한마디 꺼내 놓을 때마다 꽤 중량감이 느껴졌다. 아니나 다를까 듣자 하니 제빵업계에서는 이름 난 장인이었다.

　모임에 참석한 대부분이 요식업에 종사하는 사람이니 빵이나 요리를 맛보면 어느 정도 레벨인지 대충 답이 나왔다. 참석자 누구라고 할 것도 없이 폴 사장의 빵은 최고로 쳐줬다. 이 바닥 선수들이 빵 맛만 보고도 엄지 척을 하니 이 신비한 남자가 궁금해졌다. 모임을 하던 중 폴 사장의 초청을 받아 홍대에 있는 매장을 방문하던 날을 잊을 수 없다. 여느 빵집처럼 여러 종류의 빵이 매장 한가득 진열되어 있지 않고, 빵을 마치 보석이나 귀중품처럼 컨시어지에 전시해 놓아서 남달라 보였다.

　컨시어지 바로 뒤에는 주방이 열려 있어서 빵을 만드는 과정을 훤히 들여다볼 수 있었다. 빵 제조 과정은 마치 장인들이 펼치는 공연 같았다. 상상하던 것 이상으로 멋진 매장이었다. 그때까지 장인으로 불리는 사람을 한 번도 만나 본 적 없었던 나는 밀가루를 손에 묻혀가며 반죽하는 제빵 장인을 만나니 외국어를 남발하는 그 누구보다 얘기가 잘 통했다. 그렇게 죽이 맞아서 하루 다섯 시간이고 여덟 시간이고 주야장천 수다를 떨었다.

돌이켜 보면 코칭이라고 하기에도 다소 민망할 정도다. 당시엔 뭐 코칭 스킬 그런 건 애초에 물 건너갔고, 그냥 만나서 이 얘기 저 얘기하다 보면 하루해가 저물었다. 그런 나에게 코칭비라며 적잖이 챙겨준 폴 사장이 아직도 고맙다. 한참 형님이지만 지금도 마치 선생인 양 깍듯하게 대한다. 고마운 분이다.

하도 얘기를 많이 나누다 보니 이제 내가 한 얘기인지 그가 한 얘기인지 구분이 안 되는 경우도 종종 있다. 한번은 같이 강의를 하다가 내가 "그건 사장님이 하신 얘기예요" 하고 거든 적도 있다. 오랜 세월 할 말 못 할 말 다 하다 보니 서로의 가슴에 새긴 말이 들고 났나 보다.

비염이 심한 폴 사장은 밀가루가 날리는 주방에 들어가면 콧물을 줄줄 흘린다. 어찌 보면 제빵과 안 맞는 체질을 지닌 셈이다. 그런 그가 최고의 빵을 만든다니 이 또한 역설이다. 한번은 그가 나에게 자신의 작업 노트를 보여줬다. 낡은 노트에는 손으로 일일이 쓰고 그린 메모로 가득했다.

자신은 빵을 손으로 빚는 것이 아니라 먼저 머리로 상상해서 그린다고 했다. 너무 진지하게 말해서 나는 무슨 엄청난 비밀이라도 얘기해주려는 줄 알고 귀를 쫑긋하고 들었다. 그게 다였다. 자신이 머릿속으로 이렇게 이렇게 하면 이런 맛이 나고 향이 날 거라 상상하면 그게 현실로 나타난다는 것이다.

공자 앞에서 문자 읊는다고 이런 얘기는 설교자나 할 법한 얘기로 역할이 바뀐 것 아닌가 싶기도 했다. 폴 사장에게 나는 일인 청중이었다. 폴 사장과 만날 때 나는 다른 코칭 기법은 하나도 사용 안 하고 그저 집중해서 듣고 나름대로 정리해서 대답하는 경청 하나만 했다.

그래도 얘기는 봇물이 터지듯 했다. 잘 들어주는 사람 하나 있으면 중년 남자도 수도꼭지를 틀어 놓은 듯 말을 멈추지 않는다. 듣다 보니 문리가 터득되듯 빵의 이치가 내 안에서도 깨달아졌다. 단 한 번도 나는 폴 사장에게 빵 만드는 법을 알려달라고 한 적이 없다. 내가 코칭을 했던 레스토랑에서도 마찬가지다. 심지어 아르바이트생들도 손쉽게 내리는 커피머신 조작법조차 몰랐다. 알고 싶지도 않았고 알 필요도 없었다.

이런 나의 태도가 오히려 그들을 안심시키고 무슨 얘기든 하게 만들었다. 그러니 코칭은 나에게 천직이다. 나는 그들의 영업 비밀에는 관심이 없다. 그저 내 앞에서 얘기하는 그 순간 그들에게 초집중한다. 어떤 때는 나도 놀랄 만큼 사람에게 집중한다.

그 결과 어떤 사람을 만나 무슨 얘기를 나누든 섣불리 판단하지 않고 수용하는 법을 배웠다. 나와 코칭을 한 사람들 모두가 내 코칭 선생인 셈이다. 감사하고 또 감사하다.

돌아보니 우연은 없다. 그저 우연을 가장한 필연만이 남았다. 만날 사람은 언젠가는 만나고 일도 마찬가지다. 안 풀리는 일은 죽어도 안 풀린다. 희한하게도 신경도 안 쓰고 내 버려둔 일은 알아서 돌아가다가 결국은 그게 나와 내 식구들을 먹여 살린다.

'운전 다 하는 건데 뭐 별 것 있나요?' 집채만 한 버스를 모는 운전기사를 보면 어떤 때는 경외심마저 든다. 그런 놀라운 기술을 지닌 사람들에게 '어떻게 이런 버스를 힘도 하나 안 들이고 운전하세요?' 하고 물으면 별 것 아니라는 듯 짐짓 손사래를 친다. 그 별 것 아닌 듯 보이는 기술이 나와 내 집 식구들을 먹여 살렸다. 수많은 사람이 여기서 저기로 이동할 수 있도록 도왔다. 물자가 필요한 이들에게 물품이 닿도록 했다.

어쩌다 어른이 된 것만은 아니요, 어쩌다 그 일을 하게 된 것만도 아니다. 사람은 자라게 마련이요, 해야 할 일은 언젠가 숙명처럼 나에게 다가온다. 돌아보니 운명 같은 만남이었다. 나는 이것을 운명이라기보다는 소명이라 부르고 싶다.

그리스인들은 운명을 신조차 거부할 수 없는 사슬로 여겼다. 그리스 비극은 반드시 죽을 수밖에 없는 한계를 지닌 인간이 운명을 거스르려 할 때 얼마나 가혹한 처지에 놓이는지를 그야말로 비극적으로 그린다.

신들을 속인 대가로 언덕 위에 돌을 올려놓고 제자리로 돌아오면 또 올려놓기를 반복하는 시시포스처럼 이유도 모른 채 반복하는 일은 사람을 미치게 한다. 그 돌을 왜 올려놓아야 하는지 알 때 운명은 소명이 된다.

이유 없는 반복에서 찾을 수 있는 건 허무밖에 없다. 되풀이되는 일이라도 해야 할 이유가 있다면 그것은 가치 있는 일이다. 똑같이 반복되는 일상에서 그것을 해야 할 이유를 찾을 때 그 일은 운명의 굴레가 아니라 소명이 된다.

'코치는 자격이 아니라 선포하는 것이다!' 전설적인 코칭 교과서 '코액티브 코칭'은 그렇게 말한다. 상담이나 코칭을 오래 하다 보면 반복되는 작업처럼 느껴져 지칠 때가 있다. 그때

마다 나는 '코치는 자격이 아니라 선포하는 것이다!'라는 말을 되뇐다.

지금 하는 일에 의미를 발견하고 그 일을 하는 내가 어떤 존재인지 선포하는 것은 무엇보다도 중요하다. 별거 아닌 일이 아니라 유별난 일이다. 대수롭지 않은 일이 아니라 박수받아 마땅한 일이다. 그 일로 나와 내 가족이 살았고, 이웃의 삶이 윤택해졌다면 나는 소명에 따라 살아온 셈이다. 내가 어떤 존재로 살아왔으며 앞으로 어떻게 살아갈지 선포할 때 우리는 그 길을 따라 살 수 있다. 이것이 제대로 된 사명 선언이다.

내면의 소리

그렇다. 어느 날 문득 긴 여행을 하고 싶어졌던 것이다. 어느 날 아침 눈을 뜨고 귀를 기울여 들어보니 어디선가 멀리서 북소리가 들려왔다. 아득히 먼 곳에서, 아득히 먼 시간 속에서 그 북소리는 울려왔다. 아주 가냘프

<u>게, 그리고 그 소리를 듣고 있는 동안, 나는 왜지 긴 여</u>

<u>행을 떠나야만 할 것 같은 생각이 들었다.</u>

무리카미 하루키의 「먼 북소리」

그것은 마치 먼 북소리처럼 고동친다. 먼 별에서부터 찾아온 손님처럼 내가 반가이 맞아 주기만을 바라고 있다. 긁지 않은 복권처럼 그 안에는 무엇이 숨겨져 있을지 알 수 없다. 잠재력이란 그런 것이다.

마흔을 앞두고 하루키는 일본을 떠나 유럽으로 간다. 인생의 반 고비에서 단테는 피렌체에서 추방당해 라벤더로 간다. 한국 여성주의 1세대 작가인 윤석남은 마흔에 수중에 남은 돈을 다 털어 화구를 산다.

작은 단서가 나타난다. 그때는 왜 그렇게 했는지 모를 사소한 선택이 운명을 가른다. 어떤 이끌림으로 그 앞에 다가선다. 뇌과학에서 말하는 라스RAS가 발동되는 순간이다. 망상활성계(reticular activating system)를 뜻하는 라스는 감각기관으로 들어온 어떤 정보를 받아들이고 거를지를 결정하는 뇌의 문지기 역할을 한다.

우리 뇌에는 하루에도 수만 가지 정보가 쏟아진다. 1.5kg에 불과한 뇌가 우리 에너지의 약 28%를 쓰고 그중에서도 포도당은 85% 정도를 쓰고 산소는 25%를 쓰는 이유다. 뇌는 고성능에 엄청난 에너지를 소비한다. 이런 형편에 다른 것이 끼어들 틈이 없다. 들어오는 정보를 모두 처리할 수도 없다. 그러니 거르는 것이다. 생존에 유리하고 내 삶에 의미 있는 정보 외에는 다 걸러 버린다.

대학 시절에 필름 파는 아르바이트를 한 적이 있다. 그때까지 나는 필름을 파는 가게가 그렇게 많은 줄 몰랐다. 동네마다 다니며 인물 사진이 잘 나오는 필름이라며 판촉하고 다녔다. 그때 전에는 눈에 띄지도 않던 필름 파는 가게 간판이 그렇게 잘 들어올 수가 없었다. 나의 라스가 성실하게 일한 덕분이다.

운명처럼 다가온 그 일은 어쩌면 라스가 조명해 준 길을 따라온 건지도 모를 일이다. 다른 사람 눈에는 대수롭지 않던 그 일이 나에게는 특별하게 여겨지고 안 하면 안 되는 일로서 끌렸다. 잠재력은 그렇게 때를 기다리며 우리 안에 고이 잠들어 있다.

'내 안에 잠든 거인을 깨울' 때다. 거인은 어쩌다 잠들어 있는 숲속 공주가 되었나? 두려움 때문이다. 강점의 발현이 늦어지는 이유는 여러 가지다. 두려움은 그중에서도 큰 지분을 차지한다. 몸은 두려움에 반응한다. 진화심리학은 우리가 존재하는 이유는 생존하여 유전자를 남기기 위함이라 결론짓는다. 살아남기 위해 인간은 언제 발생할지 모르는 위험에 대비하기 위해 전전긍긍한다.

우리는 그런 위기 대응 시스템에 길들여져 왔다. 모두 동의하기는 어려운 주장이다. 우리가 유전자를 나르는 수레 정도밖에 안 된다는 가설에 쉽게 동의하기 어렵다. 그런데도 인간이 위험을 회피하는 성향을 지녔다는 주장은 사실임이 틀림없다. 살다 보면 만나는 많은 인간 군상이 실제로 그러하기 때문이다.

일단 위험한 건 피하고 본다. 그게 똬리를 튼 뱀인지 굵은 밧줄인지 일단 한번 맞부딪혀 보기보다는 피하는 게 생존에는 상책이다. 똥인지 된장인지는 그래도 맛보는 시늉이라도 할 수 있겠으나 독인지 약인지는 섣불리 맛보려 하다가는 죽기 십상이다.

쌔 오래된 얘기다. 나는 한 대학생의 진로상담을 하고 있었다. 그 학생은 교사가 되고 싶어 했다. 왜 교사가 되고 싶냐고 물으니 안정적이란 답이 돌아왔다. 교사는 정년이 보장되고 퇴직 이후에 연금도 안정적으로 나온다는 것이다. 달리 반박할 말도 없어 그럼 다른 건 해 보고 싶은 마음이 없느냐고 물으니 없단다.

꿈보다는 안정이 최선이란다. 이십여 년 세월이 흐른 지금 교사들은 하나둘 현장을 떠나가려 하고 있다. 시간이 흐르는 동안 교사라는 직업도 이제는 더 이상 안정적이지 않게 된 모양이다. 들리는 얘기로는 교권 상실로 이제 교실은 학생에게도 교사에게도 안전한 공간이 되지 못한단다. 슬픈 현실이다.

안정을 향한 바람은 그렇게 이십여 년이 지나자 빛이 바랬다. 세상은 변하고 궁극적 안전지대란 존재하지 않는다. 끊임없이 생존을 위한 안전지대를 찾아봤자 그곳 역시 이내 비슷한 욕구를 지닌 사람들에 의해 점령당하곤 한다.

포화상태에 이른 안전지대는 이제 위험지대로 변한다.

위험하니 회피한다. 다시 그 자리는 비게 된다. 빈자리에서 다시 가능성이 자란다. 초기에는 기웃거리는 사람만 있을 뿐 실제로 달려드는 이는 적다. 뭐가 어떻게 될지 모르기 때문이다. 그래도 뛰어드는 이들이 있다.

모험심이 강해서 그럴 수도 있다. 나중에 왜 그런 무모한 도전을 했느냐고 물으면 한결같이 어떤 울림을 말한다. 둥둥둥 가슴을 울리는 소리가 있다. 무라카미 하루키는 그 소리를 듣고 유럽으로 떠난다.

분석심리학으로 불리는 융 심리학을 처음 접한 것은 상담대학원 재학시절이다. 한번은 그 분야에서 오랜 수련을 거쳐 마스터 자리까지 오른 분이 특강에 왔다. 아직도 공부가 부족하다고 말하는 강사의 귀 밑머리는 이미 하얗게 새어있었다.

'유럽에서 융 심리학은 학부에 편성되지 않는다. 중년 이전에는 융 심리학을 이해할 수 없기에 아예 가르치지 않는다.' 단호하게 강사는 말했다. 이어지는 말이 중년 이전까지는 올라오는 욕구를 힘으로 누를 수 있단다. 그러다가 중년이 지나면서 힘이 빠져 더는 눌러 놓을 수 없다. 그러면 그것이 튀어

오른다.

그림자의 반란이요, 이것이 바로 중년에 엉뚱한 짓을 하는 이유다. 안 하던 짓 하면 죽는다는 괴이한 풍문이 있다. 나름 풀이해 보면 사람마다 반복하는 행동이 있는데 그 패턴이 어느 날 갑자기 바뀌면 그 사람의 정신이나 몸에 이상이 생겼다는 신호이니 생존에 문제가 있는 것 아니겠냐는 말일 터다.

이것을 나는 달리 해석하고 싶다. 안 하던 짓이란 전에 해 오던 일을 중단하고 내 성격과 다른 일을 한다는 뜻으로도 새길 수 있다. 이건 이전의 내가 죽는 일이다. 자크 라깡에 의하면 이전의 나는 다른 사람의 욕망을 욕망하는 '나'이거나 인간중심 상담에서 말하는 사랑 받기 위해 외부 조건에 맞추는 '나'일 수 있다.

그것이 어떤 '나'이건 간에 초점은 조정 당한 '나'란 사실에 있다. 때로 사랑이란 이름으로, 때로 미래를 위한다는 명목으로 견주어 볼 어떤 이유도 없이 정해진 길을 걸어왔다. 그 길을 벗어나는 건 생각할 필요조차 없었다. 막상 걸어보니 꽃길만은 아님을 깨달았을 때는 너무 멀리 왔다. 포기하고 돌아가기에는 쏟아부은 게 지나치게 많다. 다른 길엔 이미 다른 사람들이 넘쳐난다.

힐끔힐끔 뒤돌아보며 이십 대와 삼 십대를 보내고 나니 이제 그 길 위에 있으라 하던 자들이 누가 여기 계속 있으라고 했냐며 발전이 없다며 나를 내친다. 허망하다. 조직에 충성하라던 자들은 급변하는 경제 환경에서 변하지 않은 건 네 잘못이라며 짐을 싸라고 한다. 초년병 시절에는 생각하지 말고 조직을 따르라던 그 명령을 준수하기 바빴다. 생각하지 않고 떨어지는 일을 주워 담아 착실히 처리했다. 이제 내가 그 처분의 대상이 된 것이다. 어디에 하소연할 것도 없이 변화하는 시대에 뒤처진 나를 탓하며 고개를 숙이고 퇴직을 맞이한다.

슬픈 현실이다. 변화 경영 사상가로 알려진 故 구본형 선생은 '익숙한 것과의 결별'에서 이런 현실을 불타는 배에 비유한다. 거기서 뛰어내릴 것인지 아니면 계속 있을 것인지 결정하라는 것이다. 구본형 선생은 다른 사람에게 고용되지 말고 '스스로를 고용하라'고 앞을 내다본 한 마디를 보탠다.

물은 흐른다. 세상은 변한다. 사람은 자란다. 세차게 흘러가던 물은 큰 바위를 만나면 돌아서 길을 낸다. 미친 짓이라 힐난하던 이들이 이제 같은 일에 찬사를 보낸다. 전기차를 누가 타냐던 이들이 전기차를 못 구해서 안달이다. 그렇게 전기차를 타던 이들이 이제 배터리 때문에 괜히 샀다고 푸념이다. 이런 형편에도 십 년 뒤에는 모두 전기차를 탈 거라며 가전 회사에서도 전기차를 만들려 한다.

기던 아이가 벽을 짚고 일어선다. 한 발짝 두 발짝 걷다가 이내 뛰어다닌다. 제 덩치보다 커 보이는 가방을 메고 아장아장 걸어서 유치원에 가고 초등반에 등교한다. 아이들은 자란다. 남의 아이들은 더 빨리 자란다. 어느새 중학교에 가 있고, 고3이라더니 대학에 다닌다.

사람도 바위를 만난다. 잘 흘러가는 듯하다가 갑자기 막힌다. 중간중간 크고 작은 장애물을 스스로 헤쳐나간 경험이 있는 자들은 그나마 스스로 길을 찾는다. 그 경험조차 부족한 이들은 바위 앞에서 한동안 주저앉는다.

바위 앞에서 선 이들에게 어떤 울림이 일어난다. 가로막힌 일 때문에 도리어 새로운 물길이 난다. 멈추고 나서야 비로소 다시 꿈을 꾼다. 어릴 적 희미하게 남아 있는 흔적으로부터 꿈은 단서를 찾는다.

'교사들의 교사'로 존경받는 파커 파머는 사회학으로 박사학위를 받자마자 누구보다 빨리 교수가 됐다. 정교수 자리가 보장될 무렵 총장 제의까지 받는다. 동년배들에 비해 이른 성공은 그를 만족보다 오히려 깊은 상실감에 빠져들게 한다. 그렇게 시작된 우울증으로 인해 그는 멈춰 선다. 그의 빼어난 작품 중 하나인 '삶이 내게 말을 걸어올 때'에는 어떻게 이렇게까지 적나라하게 자신의 내면 풍경을 보여 줄 수 있을까 싶을 만큼 절절한 얘기들이 가득하다.

누군가에게 이 책을 추천해 줬더니 읽다가 이내 덮었다고 한다. 깜짝 놀라서 뭐가 그렇게 읽으면서 힘들었느냐고 물었다. 우울증 얘기가 너무 다크해서 없던 우울증도 생기겠더란 답이 돌아왔다. 파커 파머라는 거울은 너무도 선명하다. 예상 못 한 내 모습이 숨김없이 적나라하게 드러나니 당혹스러웠단다.

나 또한 그러했다. 쓰리고 아팠다. 반면에 시원하기도 했다. 적어도 왜 맞는지는 알고 맞는 기분, 딱 그 심정이었다. 그 아픔이 어떤 사람에게는 더 크게 느껴졌던 가보다. 그 뒤로는 섣불리 이 책을 추천하지 않는다.

파커 파머는 어린 시절로 돌아간다. 여느 아이들처럼 비행에 관심이 많았던 파머는 모형 비행기를 만들기보다는 비행에 관한 에세이를 썼다. 작가라는 꿈은 그렇게 파머와 다시 만난다. 어린 시절 살던 집에서 다락방을 뒤지던 파머는 학창 시절 습작을 발견한다. 뭐든 쓰고 기록하기를 즐겼던 꼬마 작가의 흔적이 보물상자 안에 고스란히 남아 있었다. 다른 사람이 아닌 나로서 살고 싶었던 파머는 대학을 그만두고 퀘이커 공동체로 떠난다.

그렇게 만난 공동체에서 아이러니하게도 파머는 교장 제의를 받는다. 파머의 내면 여행은 여기서부터 시작된다. 십여 년 세월을 부부는 그렇게 퀘이커 공동체에서 보낸다. 그동안 파머는 내면의 소리에 귀 기울인다. 오랜 전통의 퀘이커 써클 모임을 통해 파머는 내면의 소리를 분별하는 법을 익힌다.

사회학자이기도 한 파커는 자신이 익힌 것을 글로 풀어낸다. 지친 교사들과 지역 사회의 리더들이 파머를 찾는다. 이제 파머는 교사들의 교사로 불린다. '가르칠 수 있는 용기'는 그를 찾아온 수많은 교사와 함께 빚어낸 역작이다. 나와 대면할 수 있는 안전한 공간을 만드는 일은 파커 파머를 통해 미국 전역에 교육 혁명을 이뤄낸다.

강점에 집중된 삶

강점 인터뷰가 시작된다. 워크숍 문을 여는 활동이다. 저마다 인터뷰 용지를 들고 다니며 사람들에게 자기 강점을 세 가지 적어달라고 부탁한다. 10명의 사람에게 다가가 30개 정도 강점을 받아온다.

이 활동을 할 때면 사람들의 눈빛이 빛난다. 누가 뭐래도 사람은 자기에게 관심이 가장 많다. 그중에서도 다른 사람이 보는 나에 대한 관심이 지대하다. 과연 다른 사람들은 나를 어떻게 보고 있는가? 사람들은 나를 어떻게 평가하나? 궁금할 수밖에 없다.

테이블에 둘러앉은 사람들은 인터뷰 용지에서 눈을 떼지 못한다. 내가 다음 지시 사항을 알려줘도 들은 체 만 체다. 몇 번이나 소리를 높여서 주의를 끈다. 그제야 고개를 들고 나를 바라본다.

이제 펜을 손에 쥐고 반복해서 나온 강점에 동그라미를 치게 한다. 꼭 같은 단어가 아니라 하더라도 비슷하면 동그라미를 표시하라고 일러준다. 시험 치르고 난 학생들이 사전채

점을 하듯 열심히 동그라미 친다. 마이크를 들고 워크숍 참여자들 사이로 들어간다. 눈에 띄는 참여자에게 마이크를 건네며 묻는다.

"어떤 게 많이 나왔어요?"

놀람과 설렘이 가득한 눈빛으로 참가자는 말한다. 강점 인터뷰를 하기 전과는 사뭇 다른 분위기다. 장내는 이미 열기로 후끈하다. 에너지가 올라간 걸 모두가 감지하고 있다. 나는 분위기를 한층 더 끌어올린다.

"이제 이런 게 나왔으면 좋겠다 싶었는데 나온 게 있으면 별표를 해 보세요. 만약 나왔으면 했는데 안 나왔다면 내가 써서 별표를 해 보세요. 원하면 내가 쓰면 되죠."

마지막 말에 참가자들이 빙그레 웃는다. 아마도 자신이 원하는 걸 못 받은 사람들이리라 짐작해 본다. 시간을 두고 사람들 사이로 다시 들어간다.

"괜찮으시면 별표 하신 걸 읽어 주실 수 있나요?"

목소리에 생기가 돈다. 듣고 있는 사람들도 즐겁다. 말하는 사람이나 듣는 사람이나 모두 호응하는 단어는 우아함이다. 나는 우리나라 사람들이 우아하다는 말에 이 정도 감흥을 보일지 몰랐다.

우아하다는 말은 평소에는 잘 쓰이지 않는 광고에나 등장할 법한 말이다. 강점 인터뷰에서 이런 말을 하나라도 상대로부터 얻은 사람은 유난히 기뻐한다. 실제로 이런 말을 받은 사람은 우아하고 기품이 있어 보였다. 말이 사람을 만든다.

"말씀하시는 게 정말 우아하세요."

덕담을 건네면 본인뿐만 아니라 모두가 웃음을 터뜨린다. 칭찬을 들은 당사자도 싫지 않은 기색이고 함께 참여한 사람들도 내 말에 동의하는 유쾌한 반응이다.

때때로 어떤 사람들은 자기가 원하는 강점을 적어 넣기도 한다. 당당하게 자기가 원하는 걸 적어 넣고 별표 한 분들은 마이크를 받으면 주저하지 않고 이유를 말한다. 아무도 적어 주지 않았기에 자신이 적었단다. 마치 자신에게 선물을 주듯 강점을 자신에게 선포하니 힘이 난다고 말하자 박수가 쏟아졌다.

우리 모두에게는 저마다 강점이 있다. 묘한 것은 자신에게 있는 강점은 성에 차지 않아 하고 남의 강점을 부러워한다는 것이다. 칭찬을 해 줘도 이 정도는 다 하는 거라며 별것 아니라며 평가절하한다. 안타깝다. 남들은 갖고 싶어도 가지지 못한 것이건만 정작 본인은 얼마나 귀한 것인지 모른다.

그러면서도 다른 사람에게 있는 걸 탐낸다. 남의 손에 들린 떡이 내 손안에 떡보다 커 보인다. 사람들에게는 그런 묘한 심리가 있다. 이걸 넘어서서 제대로 강점에 접속하면 인생의 문이 열린다. 본인도 그걸 어슴푸레하게 안다. 일이 자연스럽게 풀리고 돈도 번다.

별짓을 다 해도 굳게 닫힌 문도 있고, 애쓰지 않았는데 열린 문도 있다. 사람 마음이 고약한 건 내게 열린 문은 별 것 아닌 것 같고 자꾸 닫힌 문에만 애달프다. 미련이 남고 자꾸 두드려 보게 된다.

홀랜드오퍼스란 영화가 있다. 미국 오리건주 작은 도시에 사는 음악 선생님 이야기다. 음악 교사 홀랜드는 야심가다. 아메리칸 심포니라는 곡을 통해 세계적인 명성을 얻고자 한다. 결혼하고 아이가 태어나면서 홀랜드는 어쩔 수 없이 생계를 위해 자신의 야망을 잠시 접고 교직에 뛰어든다.

아이가 클 때까지 몇 년만 하겠다는 교직을 그는 삼십여 년간 이어간다. 이제 교사는 그의 천직이 됐다. 그 무렵 얄궂게도 학교 재정이 어려워져 예체능 수업이 학교에서 사라질 위기에 처한다. 홀랜드는 반발했고 계속해서 학생들에게 음악 수업을 할 수 있게 해 달라고 탄원한다.

간절한 바람에도 불구하고 음악 수업은 없어진다. 마지막으로 짐을 정리하러 홀랜드가 학교에 가던 날 졸업생들은 떠나는 은사를 위한 깜짝 파티를 준비한다. 짐을 들고 나가던 홀랜드와 가족들은 강당에서 음악 소리가 나는 걸 듣는다. 뭔가에 홀리듯 홀랜드가 강당 문을 여니 졸업생들이 기립박수로 떠나는 스승을 맞이한다.

잠시 후 학창 시절 홀랜드에게 개인레슨을 받으며 자신감을 찾았던 졸업생 랭이 주지사가 되어 강당에 들어온다. 주지사는 단상에 올라 홀랜드와의 인연을 회고한다.

"선생님은 부와 명예를 안겨줄 교향곡을 작곡하기를 바라셨죠. 그러나 선생님은 이 마을에서만 유명하세요. 비록 선생님께서 원하시는 부와 명예는 얻지 못하셨습니다. 그러나 보세요, 선생님. 여기 있는 우리가 선생님의 음표요, 멜로디요, 교향곡입니다."

우레와 같은 박수를 받으며 단상에 오른 홀랜드에게 제자는 지휘봉을 넘긴다. 무대 위에 오케스트라는 홀랜드의 지휘로 아메리칸 심포니를 연주한다.

누구나 다 필드에 나가 뛰는 선수일 필요는 없다. 감독도 필요하고 전력 분석관도 필요하고 구단을 운영하는 경영진도 필요하다. 2002년 월드컵을 아직도 기억하는 사람들이 많다. 나는 지하철 광고에 어느 회사에서 8강을 미리 축하하는 메시지를 내보내길래 어이없어했다. 김칫국부터 마신다며 혼잣말로 나무랐다.

우리 대표팀이 8강을 지나 4강을 향해 갈 때는 그야말로 꿈은 이루어진다는 말을 신앙처럼 받들게 됐다. '믿습니다!!' 광고 제작자에게 오랜 세월의 사과를 지금에야 드린다. 당신은 진정한 예언자였습니다. 감사합니다!

히딩크가 처음 사령탑을 맡았을 때 연전연패를 거듭했다. 언론에서는 감독 잘못 세웠다며 축구협회를 비롯한 관계자들을 싸잡아 비난했다. 히딩크는 아랑곳하지 않고 선수들의 기초 체력 훈련에 매진했다.

선수 시절 히딩크는 크게 두각을 드러내지 못했다. 선수로 은퇴하고 지도자 생활을 시작한 후에는 맡는 팀마다 우승으로 이끌고 강한 팀으로 환골탈태시키는 명장이 된다. 사람마다 맞는 자리가 있고 때가 있는 법이다.

히딩크 없는 박지성과 히딩크 없는 2002년을 생각할 수 있는가? 없다! 상상하고 싶지도 않다. 대한민국을 목놓아 부르며 그렇게 한국 사람이란 사실이 자랑스러울 수가 없었다. 제자리를 찾아간 사람으로 인해 맛본 승리였다.

그렇게 기초 체력에 매진한 대한민국 선수들은 본 게임에서 제대로 실력 발휘를 했다. 뉴스 기사로도 면면히 분석된 바에 따르면 대표팀 선수들 각각의 기량은 나무랄 것이 없었다. 다만 막판 체력 저하로 인해 골 집중력이 떨어지고 수비가 허물어지는 것이 문제였다.

이걸 간파한 것이 히딩크를 수장으로 한 코치진이다. 이들은 과학적인 분석을 통해 대표팀의 문제점을 파악했다. 이 데이터를 중심으로 대표팀 훈련을 재구성했다. 결과는 승리였다. 역사상 그 시점에 히딩크는 그 자리에 있어야 했다. 이건 운명적인 부르심이다.

히딩크가 필드에서 뛰는 선수로 남기를 고집하지 않고

과감하게 자기 길을 찾아 지도자의 자리를 찾아갔기에 우리는 2002년의 승리를 맛볼 수 있었다. 대표팀에서 히딩크를 만난 그의 제자들은 세계적 축구 선수로 프리미엄 리그에 진출하고 박항서 감독은 베트남의 국민 영웅으로 추앙받는 지도자가 된다.

'길은 여기에' 있다. 둥둥둥 가슴을 울리는 그 고동치는 북소리를 따라가라. 그곳이 당신의 소명 처다. 그곳에서 나의 소명을 따라 살 때 여러 사람이 살고 영향력은 파장을 일으킨다.

T1은 어떻게 위대한 이야기를 만났나

2 자신과 팀에 대한 충만함

2023년 11월 부산에서 벌어진 롤드컵 준결승, 모든 사람들이 사실상의 결승전이라고 했던 경기이고 경기 양상이나 결과도 실제로 그랬다. 상대편은 중국의 징동. T1과는 일진 일퇴의 상대 전적을 가진 팀이었다. 징동은 1세트 초반에 모든 것을 쏟아부어 승기를 잡고자 했다. 징동은 페이커를 유인하여 T1의 전열을 흐트러트리기 위해 페이커가 경험치로 획득해야하는 몬스터들을 공략한다. 경험치를 얻으려면 이쪽으로 오라는 신호였다. 하지만 페이커는 경험치를 포기하고 T1의 진영을 굳건히 지켜 1세트 초반을 버텨낸다. 시작과 함께 모든 것을 쏟고도 원하는 바를 얻지 못한 징동은 1세트를 내주고 만다. 나에게 꼭 필요한 몬스터이고 경험치 이지만 그것이 없어도 해낼 수 있는 자신을 믿었다. 그리고 포기한 만큼 자신을 도와줄 팀을 의지해 진영을 지켰던 페이커의 자기확신, 팀에 대한 확신이 초반의 기세를 가져오는 장면이었다.

3장 Stigma
깨어짐을 통해 성장하는 리더

#베이스캠프 #실패의 경험

#감정의 오작동 #성숙 #용기

광야, 그 한가운데

2014년 70일 동안 열두 나라를 돌며 많은 사람을 만났다. 그 중에서도 유독 마르코란 이름이 기억에 남는다. 크로아티아의 집주인도 피렌체의 집주인도 마르코였다. 그들은 한결같이 품위 있고 친절했다. 유럽과 북미나 남미 대륙 사람들은 전통적으로 성서 인물에서 이름을 빌려다 쓴다. 로마식 이름인 마르코는 신약성경의 복음서를 기록한 인물이다. 이스라엘 왕과 예언자 그리고 열두 사도의 이름은 여전히 그네들 이름에 흔적을 남겼다. 다윗 혹은 데이비드는 그중에서도 단연 압도적으로 많이 쓰이는 이름이다.

사울, 다윗, 압살롬은 이스라엘 초대 왕들이다. 정확히 말하면 사울은 이스라엘 최초의 왕이고 다윗은 통일 왕국의 왕이자 이스라엘 역사에서 가장 위대한 왕이다. 압살롬은 그런 다윗의 아들이자 아버지에게 반기를 들고 백일천하로 끝난 반란의 주모자다.

'세 왕 이야기'의 저자 진 에드워드는 세 왕을 빗대어 우리 내면 풍경을 살핀다. 우리 안에는 이 세 왕이 산다. 사람들에게 인정을 독차지하고자 경쟁자를 없애 버리고 싶은 질투하는 사울의 마음과 경쟁자를 마침내 죽이고 그 자리에 오르려고 하는 반역자의 마음이 우리 안에 공존한다. 이 두 왕과 달리 우리 안에는 다윗으로 상징되는 깨어진 마음도 있다. 이것은 광야에서 단련된 마음이다.

엘라 골짜기에서 골리앗을 쓰러뜨린 다윗을 보고 울려 퍼진 '사울은 천천이요, 다윗은 만만'이라는 백성들의 칭송에 사울은 미쳐버린다. 말 그대로 피해망상 상태에서 사울 왕은 다윗에게 창을 던진다. 자신을 죽이려는 왕에게 다윗은 맞서 싸우지 않고 궁을 나와 광야로 간다. 아무것도 없는 허허벌판에서 다윗은 위대한 왕으로 빚어진다. 광야에서 빚어진 그릇이었기에 다윗은 훗날 아들이자 반역자인 압살롬과 도모하여 역모에 가담한 자들조차 용서한다.

청자와 백자는 850도가 넘는 가마에서 초벌구이한 후 1,200도가 넘는 가마에서 다시 굽는다. 이때 자토로도 불리는 고령토 성분의 석영이 녹아 도자기의 뼈대를 이룬다. 유리질화된 도자기의 표면은 은은한 빛깔에 매끈하고 단단하다. 작은 망치로 살짝 두드리면 맑고 청아한 소리가 멀리까지 퍼진다.

광야는 마음이 빚어지는 가마와 같다. 850도와 1,200도 고열에서 두 번 아니 세 번 이상 구워질 때 내면의 불순물이 제거되고 마치 석영이 녹아내려 단단한 뼈대를 이루듯 흩어져 있던 강점의 파편들이 녹아내려 누구와도 비교 불가한 자신만의 스타일을 구축한다. 이 모든 일은 광야에서 일어난다.

다윗에게는 있으나 사울과 압살롬에게 없었던 것은 광야다. 그곳을 통과하고 나서야 다윗만의 스타일이 완성된다. 광야가 없었던 사울과 압살롬은 힘을 얻고 이내 힘에 잡아 먹힌다. 사울은 이스라엘의 초대 왕이다. 머리통 하나가 더 있다고 할 만큼 키가 크고 늠름했다.

고대근동에서 체격이 큰 사람은 전투 능력 면에서도 월등히 유리했다. 사람들은 사울이 왕으로 제비 뽑히자 기뻐했다. 탁월한 외모는 자신이 노력한 것이 아니라 태어날 때부터 얻은 것이다. 별다른 노력을 하지 않아도 사람들의 이목을 끌고 사랑받는다.

그러나 세월이 흘러 외모만이 전부가 아님을 사람들도 자신도 안다. 인기는 덧없다. 그보다 좋아 보이는 것이 나타나면 안개 같이 흩어진다. 그때 느끼는 허무함은 이루 말할 수 없다. 자신이 노력해서 얻은 것이 아님에도 불구하고 마치 엄청난 대가를 치르고 얻은 것을 잃어버린 양 분노한다.

운이 좋아 받은 사랑을 자신이 노력해서 얻은 것으로 착각하여 인기를 되찾고 싶어 한다. 사울의 경우가 그러하다. 그가 초대 왕이 된 것은 실력이 아니었다. 왕이 된 사울은 백성들의 사랑과 존경이 당연한 줄로만 안다.

살다 보면 우연히 좋은 위치에 가게 되는 경우가 있다. 처음에는 큰 행운에 기뻐하지만 조금 지나고 나면 그것조차 합리화한다. 그래도 내가 그 위치에 오를 만했다고 자기 정당화의 오류에 빠진다. 소명으로부터 멀어지는 순간이다.

압살롬과 다윗의 관계는 사울과 다윗보다 한층 복잡하다. 다윗의 셋째 아들인 압살롬은 외모가 빼어났다. 무엇보다도 머릿결이 놀랍도록 아름다웠다. 사람들은 압살롬의 외모에 반했다. 압살롬은 자신의 외모를 100%로 활용하여 사람들의 마음을 얻는다. 현대 유권자들도 다를 바 없다. 실험으로도 증명되었듯이 사람들은 이미지를 보고 투표하곤 한다. 한 사회심리학 실험에서 아이들에게 두 장의 사진을 보여주고 이 중에 누가 지도자로서 적합할지를 고르게 했다. 그랬더니 놀랍게도 당시 선거 결과와 같았다. 실제 선거에서 당선된 인물을 아이들도 지목했다.*

어른들에게 실험한 결과도 같았다. 이런 결과는 무엇을 말하는가? 바로 우리가 그 사람의 외모에서 풍기는 분위기를 보고 지도자를 고른다는 것이다. 그렇다면 삼 천여 년 전 고대 근동에서 지도자를 고르는 기준과 지금이 다를 바가 무엇이 있는가. 대중은 놀랍게도 한결같다.

-----

* 프린스턴대 심리학과 알렉산더 토도로프 박사와 동료들이 2005년 사이언스지에 발표한 정치적 의사결정에 관한 내용에서 참고했다.

사울이나 압살롬과 달리 다윗은 주목받지 못한 사람이다. 예언자 사무엘이 하나님의 명을 받고 이새의 아들에게 기름 부어 왕으로 삼고자 했을 때 집안사람 누구도 막째 다윗이 그 주인공이 되리라 생각하지 않았다.

다윗은 가족에게 논외였다. 우리에게 다윗과 골리앗의 싸움으로 알려진 전투에서도 다윗은 정규병으로 참여하지 못했다. 다윗의 부모는 전투에 나간 아들들의 소식을 듣고자 다윗에게 도시락을 들려 전쟁터에 보낸다. 당시 전황은 블레셋 거인을 보고 이스라엘이 전의를 상실한 상태였다. 이스라엘과 하나님을 조롱하는 골리앗을 보고 다윗의 마음은 불타오른다.

때로 인생에서 중요한 것이 부정당할 때 참을 수 없는 감정이 올라온다. 그렇다고 다윗이 감정에 도취해 무작정 달려든 것만은 아니다. 천덕꾸러기 다윗은 들판에서 양을 지켰다. 사자와 곰이 양들을 훔쳐 가려 하면 그는 물매로 쳐서 물리쳤다.

보잘것없어 보이는 것이 위기 때 빛을 발하는 경우가 있다. 그야말로 이때가 아닌가. 다윗은 자신도 모르게 용사로 준비되어 있었다. 양을 지키던 목자 다윗은 이제 이스라엘을 위기에서 건져내는 용사로 전쟁터에 나선다. 골리앗과 맞서 싸우러 나가는 다윗에게 사울은 자신의 갑옷을 내어준다. 왕으로서는 극진한 대우다. 다윗은 그 옷을 입어 보지만 맞지 않아 벗어버린다.

그 누구도 나서려 하지 않는 전투에 소년을 내보내며 자신의 갑옷을 빌려주는 왕이라면 이미 한물간 왕이다. 본분을 잃어버린 맥빠진 리더다. 그와 달리 소년 다윗은 자신이 평소에 능숙하게 다루던 물맷돌로 싸움에 나선다.

골리앗은 다윗을 조롱한다. 자신의 적수로 취급하지도 않는다. 그런 다윗에게 골리앗은 쓰러진다. 사자와 싸워 이긴 다윗은 블레셋의 거인 용사 골리앗을 일상에서 연마한 기술로 쓰러뜨린다.

이스라엘은 그제야 다윗을 알아본다. 고대 근동에서 가장 강한 적을 소년 다윗이 쓰러트렸다. 맥빠진 이스라엘에 새 바람이 분다. 시골 깡촌의 소년이 무너져 가는 나라를 구하고 새로운 시대를 열었다. 이제 다윗의 이름은 이스라엘 전역에 퍼진다.

이후 다윗은 탄탄대로를 걸었는가? 아니다. 그동안 백성들의 사랑을 한 몸에 받았던 사울은 사람들의 관심이 다윗에게 기울자 참을 수가 없었다. 초대 왕 사울은 다윗을 시기 질투한다. 기회만 있으면 다윗을 죽이려 한다. 다윗은 그런 사울에 맞서 싸우지 않는다. 적군과 아군을 구분할 줄 아는 것이 지도자의 첫걸음이다. 이런 면에서 다윗은 성공했고 사울은 실패했다.

질투에 눈이 먼 사울은 정작 적은 가까이하고 아군은 멀리했다. 다윗은 하나님과 조국 이스라엘을 사랑했다. 그리하여 그는 하나님을 가까이하고 그분의 성품을 닮아갔다. 살면서 맞닥뜨리는 광야에는 실로 아무것도 없다. 나를 포장하거나 심지어 위장할 그 무엇도 없다. 적나라하게 드러나는 나의 실상을 있는 그대로 마주하는 시공간이 바로 광야다.

누구나 광야를 통과해야 하지만 누구도 광야를 반기지 않는다. 쓰리고 아팠던 기억 때문인지 광야라면 몸서리를 치는 부모들이 많다. 적어도 내 자식에게는 이런 광야를 맛보게 하고 싶지는 않다며 광야 근처에도 못 가게 한다. 그러는 사이 우리 아이들은 광야 없는 반쪽짜리 인생을 산다.

이럴 때 대상 관계이론은 좋은 참조 틀이다. 대상 관계이론 중에서도 자기 심리학은 적절한 실패의 중요성을 강조한다. 자녀들에게 적절한 실패 경험은 심리·사회적 성숙에 있어서 무엇보다 중요하다. 실패 경험을 통해 아이들이 그때가 아니면 배우기 힘든 심리적 자원을 확보할 수 있기 때문이다.

아이들이 몸을 부대키며 놀이하는 공간은 <u>마음이 자라고 사회성이 발달하는 자리</u>다. 예전에는 골목이나 공터에서 아이들이 얼음 땡이나 고무줄놀이나 숨바꼭질을 하면서 놀았다. 놀이할 때 짝이 맞지 않으면 체격이 작아 불리한 동생들을 깍두기로 끼워주곤 했다. 양편에 모두 속해 놀이를 즐길 수 있는 특권이 깍두기에게 있었다.

놀이에 익숙하지 못해 깍두기가 되기도 했으나 너무 잘해서 깍두기가 되는 때도 있었다. 그 시절엔 그렇게 서로 끼워주며 어울려 놀았다. 동생은 형아가 같이 어울려주니 실력이 늘어 나중에는 또 다른 동생에게 놀이를 알려주고 함께 논다. 이것이 제대로 돌아가는 사회다.

어른들은 '놀면 뭐하냐'며 핀잔하곤 한다. 모르는 소리다. 놀면서 아이들이 자란다. 혼자 노는 게 아니라 함께 어울려 노는 법을 터득한 아이들이 자라나 건강한 사회를 이룬다. 놀이

하는 아이들을 가만히 지켜보면 저만 알고 규칙을 지키지 않는 아이가 있으면 놀이에 끼워주지 않는다. 물론 지금의 왕따와 같은 건 아니다.

당장에는 눈물을 집어삼키나 인생 교훈을 얻는다. 재밌게 놀려면 남 생각도 하고 형들이 알려준 놀이 규칙도 지켜야한다는 사실을 깨닫는다. 다른 아이들이 내가 어떻게 행동하면 싫어하고 불편해하는지도 알아차리고 조율한다. 이런 과정을 통해 아이들은 어엿한 사회인이 되고 공동체를 이룬다.

나만의 베이스캠프

프로토타입을 만들어 시도하고 실패를 통해 배우고 경로를 수정하는 피봇팅은 이제 사업에서 상식이다. 린 스타트업은 사람들의 문제점이나 불편한 지점을 찾아내 최대한 빨리 프로토타입을 만들어 피드백을 받은 후 완제품을 시장에 내놓는다. 구글 스프린트 방식은 일주일 만에 이 작업을 끝낸다. 이런 작업 방식에서 요점은 바로 실패를 통해 배우는 것이다.

마시멜로 챌린지는 시행착오 학습이 현장에서 어떤 결과를 낳는지 보여준다. 챌린지 진행 방식은 간단하다. 마시멜로와 실 그리고 테이프와 스파게티 면을 그룹별로 나눠준다. 18분 안에 최대한 높이 마시멜로 탑을 쌓으면 된다.

테드 강연에서 톰 워젝은 "마시멜로 챌린지를 통해 본 새로운 협동 형태"라는 제목으로 챌린지에서 얻은 통찰을 유쾌하게 설명한다. 대부분 팀이 16분 동안 구조물을 어느 정도 만들어 놓고 마시멜로를 그 위에 얹는다. 마시멜로를 구조물 위에 올려놓는 순간 구조물은 붕괴한다.

마시멜로 챌린지에서 형편없는 결과를 낳는 그룹은 언제나 변함없이 경영대학원 출신들이다. 그들은 하나의 완전한 해답을 찾는다. 그러는 사이 시도해 볼 시간은 지나간다. 거의 완성된 구조물 위에 마시멜로를 올려놓는 순간 탑은 처참하게 무너진다.

가장 창의적이고 높이 마시멜로를 올리는 그룹은 유치원생들이다. 아이들은 완성된 구조물 위에 마시멜로를 올리는 것이 아니라 아직 어설픈 상태에서 거듭해서 마시멜로를 올리려 시도한다. 16분이 지났을 때 유치원생들이 만든 구조물 꼭

대기에는 마시멜로가 멋지게 달려있다.

부모가 아이들에게 줄 수 있는 가장 큰 선물은 실패할 자유다. "아이들에게 실패할 자유를 주어라!" 에베레스트와 같은 험산 준령을 오를 때는 베이스캠프가 생명줄 역할을 한다. 베이스캠프가 잘 구축되어 있으면 안전하게 산행을 마칠 수 있다. 목숨을 건 도전을 가능하게 하는 것이 바로 베이스캠프다.

유아는 살아남기 위해서 양육자와 최대한 가까운 거리를 유지해야 한다. 양육자가 너무 멀어지면 울기도 하고 보채며 찾는다. 생존을 위해 양육자와 근접거리를 유지하려는 마음의 힘이 바로 애착이다.

세상은 유아에게 호기심의 대상이자 위험 요소가 가득한 불안전 지대다. 낯선 환경을 탐험하고자 하는 마음과 위험한 상황에서 보호받고자 하는 마음이 유아에게 공존한다. 이때 유아는 '안전기지' 역할을 해 줄 애착 대상을 찾는다. 애착은 성장하면서 거둬 낼 유치한 의존성이 아니라 평생 지속하는 기본적인 인간의 욕구다.

기다가 벽을 짚고 일어선 아이는 아장아장 걷다가 넘어

진다. 다시 일어선 아이는 앞으로 한 걸음씩 나아가다가 너무 멀리 온 건 아닌지 뒤를 돌아본다. 굳건히 자리를 지키며 자신을 바라보고 있는 엄마의 존재를 확인하고 아이는 다시 앞으로 나아간다.

자신을 지켜줄 존재가 있기에 앞에 무엇이 있는지 알지 못하나 한 걸음 나아갈 수 있는 것이다. 베이스캠프가 든든할수록 아이들은 앞으로 더 나아간다. 엉성한 베이스캠프를 지닌 아이들은 불안함에 앞으로 나아가지 못한다.

그네 타는 걸 아이들은 참 좋아한다. 하늘 높이 그네가 솟구칠 때 아이들은 까르르 웃는다. 부모들은 행여라도 아이가 다칠까 봐 그네를 밀어주며 곁에서 지킨다. 그네에서 아이들이 떨어질 때도 있지만 밑에 깔린 모래가 안전하게 아이들을 받아준다.

창업지원 활동을 샌드박스로 부르는 이유가 여기에 있다. 도전하고 실패하는 과정을 잘 견뎌낼 수 있도록 도움을 주는 창업지원이 마치 아이들이 실패를 통해 성장하는 것과 같기 때문이다. 안전망이나 안전그물도 마찬가지 개념이다. 외줄 타기 달인이 줄 위에서 묘기를 부릴 때도 그 밑에는 안전그물이 깔려 있다.

고난도 기술을 선보이는 체조 선수들도 연습 때는 두꺼운 매트 위에서 기술을 연마한다. 매트 위에 떨어지면 안전하다는 걸 알기에 과감하게 고난도 기술에 도전한다. 물론 한 번에 성공하는 경우는 드물다. 휘청거리고 기우뚱하며 점차 자리를 잡아간다. 한 번 두 번 거듭된 시도 끝에 실수 없이 기술을 선보인다. 연습 때 많이 넘어져야 봐야 본 게임에서 제 기량을 발휘한다. 프로가 아니라도 상식으로 알고 있는 내용이다.

아이들에게 부모는 베이스캠프다. 도전하다가 실패해도 다시 돌아와 쉬고 기운 차리고 다시 도전할 수 있는 <u>안전기지</u>다. 부모는 아이들이 마음껏 줄을 탈 수 있도록 받쳐주는 안전 그물이다. 아이들은 고난도 인생 기술을 연마하다 떨어져도 부모라는 매트가 받아 줄 걸 믿기에 새로운 시도를 거듭할 수 있다.

연간 300일 동안 연습하고 하루 연습하는 동안 30번 점프한다. 1년이면 9,000번 점프하는 셈이다. 점프 성공률은 80% 정도다. 한 해 평균 1,800번 넘어지고 쓰러진다. 보통 사람은 일 년에 손에 꼽힐 정도로 넘어진다. 더구나 엉덩방아를 찧으며 넘어지는 일은 일생에 흔치 않다. 김연아 선수는 1,800번 넘어지고 쓰러졌다. 그리고 다시 일어섰다.

한 신문 기자는 김연아 선수 주치의를 인터뷰해서 발목과 허리에 어떤 이상이 있는지 사진에 표시하고 조목조목 짚어서 소개했다. 지나치다 싶을 정도로 자세한 기사를 읽고 나니 그냥 서 있는 것만 해도 기적이 아닐까 싶을 정도로 심각한 상태였다. 그런 몸 상태로 스케이트를 신고 트리플악셀이란 묘기에 가까운 점프 기술을 선보이는 장면은 사정을 알고 나니 더 놀라웠다.

이제 십여 년의 세월이 흘러 한 방송사 인터뷰 프로그램에 나온 김연아 선수는 담백하게 그 당시 상황을 말했다. 밴쿠버 올림픽에서 금메달을 딴 후 은퇴했다면 아쉬웠겠지만 소치 올림픽까지 출전해 은메달을 따고 은퇴할 수 있어서 미련이 없었다고 한다.

보통 스케이트 선수들은 십 대에 선수 생활을 시작해서 이십 대 초반에 경력을 마무리하고 은퇴를 한단다. 그만큼 체력 소진이 큰 운동이라서 올림픽을 두 번이나 감당하기는 어렵다는 말도 덧붙였다. 아마도 선수 생활을 통해 모든 것을 불태웠던 모양이다.

담담히 인터뷰하던 김연아 선수는 아직 자신의 경기를 보고 용기를 얻는 분들이 있어서 고맙다고 했다. 십 년이 지났으나 김연아 선수의 경기는 여전히 많은 사람에게 힘을 준다. 특히 다음 세대 스케이트 선수들은 '김연아 키즈'라는 명예로운 별칭으로 불린다.

세계대회에서 김연아 선수 이전에는 우리나라 선수가 입상하는 건 꿈도 못 꿨다. 이제 세계대회에 입상은 물론 우승하는 선수들이 속속 등장한다. 김연아 선수 등장으로 우리도 할 수 있다는 자신감이 '김연아 키즈들'의 마음에 불을 지폈기 때문이다.

차준환 선수는 한국 남자 선수 최초로 세계선수권 대회에서 은메달, 신지아 선수는 주니어 세계선수권 최연소 은메달, 이해인 선수는 김연아 선수 이후 10년 만에 세계선수권 은메달, 김예림 선수는 김연아 이후 16년 만에 ISU 그랑프리 시리즈 우승을 차지한다. 마침내 2025년 하얼빈 동계 아시안게임에서는 차준환 선수와 김채연 선수가 남녀 동반 우승을 하며 한국 피겨의 새 역사를 썼다.

우연히 선수들의 기량이 폭발했나? 아니다. 9,000번 점프하고 1,800번 넘어져도 다시 일어나는 김연아 선수의 월드 클래스 프로 근성이 한국 빙상계에 나도 김연아처럼 될 수 있다는 자신감을 불어넣어 준 덕분이다.

지금도 빙상장에서는 하나둘 늘어가는 연습의 흔적을 영광의 상처로 알고 나아가는 '김연아 키즈들'이 있다. 대한민국 피겨스케이팅 역사는 그렇게 지금도 최고의 최고를 경신하고 하고 있다.

밴쿠버 올림픽을 앞두고 김연아 선수는 세계피겨선수권 대회에서 207.71점으로 우승한다. 당시 피겨스케이팅 선수들에게 견고한 벽이었던 200점이 무너지는 순간이었다. 김연아 선수의 힘 있고 정확한 점프 기술이 낳은 믿기 힘든 결과였다.

다른 선수들과 달리 속도를 유지하면서 높은 점프를 하는 김연아는 이때부터 '점프의 교과서'로 불리기 시작한다. 김연아 선수의 세계적인 기량은 점프 기술뿐만 아니라 표현력에서도 돋보인다. 전체 프로그램을 완벽하게 소화하여 예술적인 표현력을 선보였다는 것이 중론이다.

유치원생 때 처음 스케이트를 탄 이후로 2002년부터 2006년까지 김연아 선수는 전국 종합선수권대회를 휩쓸었다. 2004년 주니어 그랑프리에서 한국 피겨 스케이팅 역사상 첫 금메달을 안겼고 2005년과 2006년에는 차례대로 주니어 그랑프리 파이널과 주니어 세계선수권에서 우승한다.

2006년 5월 운명적 만남이 시작된다. 브라이언 오서 코치와 데이비드 윌슨 안무가를 만나며 김연아의 잠재력은 폭발한다. 브라이언 오서 코치는 피겨 기술 코칭은 물론 감정과 마음 상태까지 보듬어 주며 김연아가 안정된 경기를 운영하도록 도왔다. 데이비드 윌슨은 프로그램을 연기할 때 풍부한 표정과 몸짓으로 감정을 표현할 수 있도록 김연아 안에 있는 예술가적 기질을 일깨웠다.

그 결과 2006년과 2007년 그랑프리 파이널에서 라이벌 아사다 마오를 꺾고 우승한다. 커지는 기대와 우승에 대한 부담감 그리고 잦은 부상으로 2008년에는 성적이 좋지 않았다. 2009년 우려와 달리 밴쿠버에서 개최된 4대륙 선수권 대회에서 우승함으로 같은 자리에서 열릴 밴쿠버 올림픽 금메달에 청신호가 켜졌다.

그 후에 일은 우리가 아는 그대로다. 밴쿠버 올림픽에서 김연아는 한국 선수 최초로 피겨스케이팅 올림픽 금메달을 조국에 안겼다. 명실상부한 전 세계 피겨스케이팅의 여왕 '피겨 퀸' 김연아는 그렇게 탄생한다.

공식적으로 알려진 바에 의하면 초등학교 6학년 때와 고등학교 1학년 때 김연아 선수는 스케이트를 그만두려 했다. 그만큼 힘겨운 시절이었다. 소치 올림픽 이후 10년 만에 한 방송사 프로그램에 김연아 선수가 출연했다. 프로그램 진행자가 만약 자녀가 피겨스케이팅을 하고 싶다고 하면 어떡하겠냐고 질문했다. 몸서리치며 안된다고 말하는 김연아 선수의 모습에서 그 당시 훈련이 얼마나 고되었는지 짐작할 수 있었다.

그런 힘든 훈련을 이겨 낸 것은 김연아 선수의 탁월한 역량임이 분명하다. 더불어 든든한 어머니의 보살핌이 김연아 선수를 '피겨퀸'으로 만들었다. 피겨에 입문한 후 두 번 정도 김연아 선수는 피겨스케이팅을 그만둘 생각을 했다. 초등학교 6학년 때 한번 그리고서 4년 뒤 또 한번의 위기가 찾아온다. 시니어 데뷔 무대를 앞두고 부담감이 커져 피겨스케이팅을 하지 않겠다고 말하는 딸에게 어머니는 "그래, 그만두자, 너 힘들어하는 거, 엄마도 더 이상은 못 보겠다"라며 딸의 마음을 보듬어줬다.

운동을 그만두고 평범한 학생의 자리로 돌아가자 막상 할 줄 아는 게 없었다. 피겨스케이팅 하나만 보고 달려온 일생에 꿈이 사라진 것이다. 고민 끝에 '슈퍼 스타스 온 아이스'라는 쇼를 마지막으로 선수 생활을 끝내려던 김연아 선수는 연습을 위해 빙상장을 찾는다. 발에 끼고 불편했던 스케이트화가 그날따라 편하게 느껴지고 몸조차 가벼워 점프에도 무리가 없었다. 피겨스케이트에서 다시 행복을 찾은 김연아 선수는 그날 이후로 은퇴 생각은 접고 연습에 몰두한다. **

어머니는 김연아 선수에게 든든한 베이스캠프였다. 기억하자. 산은 오르는 것 못지않게 내려오는 게 중요하다. 지금 사교육 시장은 어떻게든 아이들을 정상에 올려놓으려 사활을 건다. 그들은 꼭대기에 올라가는 법만 가르칠 뿐 내려오는 법은 알려주지 않는다. 아니 그들조차 어떻게 내려오는지 모른다.

** 김연아 선수에 관한 내용은 국민일보 정승훈 기자의 '김연아 피겨스케이팅 14년 스토리'와 경향신문 이윤주 기자의 '1년 300일 9000번 점프' 기사를 토대로 작성하였다.

지금 한국 사회 곳곳에서 경착륙으로 인한 마찰음이 끊임없이 들린다. 위험 신호가 여기저기서 포착된다. 올라가는 요령만 알려주고 꼭대기에 방치된 우리 아이들로 인해 사회가 신음한다. 비참할 정도로 우리 아이들의 자살률은 늘고 있다.

아이들이 안전하게 오르고 내리려면 어떻게 해야 하는가? 우선 부모가 먼저 안전지대를 경험해 봐야 한다. 상담센터에서 센터장을 하면서 만난 부모들은 아이들을 맡긴 지 얼마 지나지 않아 자신의 심리적 고통을 호소했다.

물론 가벼운 신경증 증세는 일상을 살아가는 대부분 사람에게도 나타난다. 문제는 건강한 대인 관계 경험을 통해 완화될 수 있는 증세조차 고립되고 방치되는 동안 심각한 수준으로 악화하는 경우다.

베이스캠프가 정비되어 있지 못하니 못 미더운 아이는 도전을 포기하고 쉴 곳을 잃는다. 그런 아이들을 바라보며 부모는 제 탓을 하고 자기 마음에 생채기를 내며 다시 가라앉는 악순환을 반복한다.

상처 하나 없이 깨끗하게 아이를 키우려는 마음이 앞서 아이 앞 놓인 장애물을 치우느라 내 삶은 돌아볼 겨를조차 없었건만 아이는 숨이 막힌다며 악다구니한다. 망연자실한 마음에 하소연이라도 하고 싶으나 마땅히 떠오르는 친구조차 없다. 이를 악물고 참노라니 가슴이 조여온다.

가슴을 치며 울고 한탄한다. 마치 절절한 시편 탄원 같다. 적어도 나에게는 그렇게 들렸다. 다른 말에는 공감하며 위로했다. 그러나 실패한 엄마라며 나 같은 걸 엄마로 둔 내 자식이 불쌍하다는 말에는 단호하게 아니라고 바로 잡아주었다.

아이를 사랑했고 나름대로 최선을 다했으나 지금 잠시 어긋나 있을 뿐이라고 현실을 제대로 보자고 힘주어 말했다. 아이와 관계가 어떻게 되기를 바라는지 물었다. 뜻밖에도 이제 다른 건 하나도 안 바란다며 아이가 행복했으면 좋겠다는 답이 돌아왔다. 아이가 사람들과 어울려 지내며 행복하게 살았으면 좋겠다며 아이 엄마는 울먹였다.

놀랍게도 아이 엄마가 아이에게 아무것도 바라지 않자 아이는 회복됐다. 잠잠히 아이를 먹이고 재우고 깨어있는 동안 살뜰히 그 말에 귀 기울이자 아이의 말문이 트이고 조잘거리며 시시콜콜한 이야기들을 털어놓았다.

아이들의 회복력은 놀랍다. 눈에 띄게 얼굴이 밝아지고

미소 짓는 시간도 늘어났다. 아이가 살아나니 가족도 회복됐다. 엄마 얼굴에 생기가 돌고 아빠는 한숨 돌렸다며 기뻐했다. 이제 가족은 서로에게 든든한 베이스캠프다.

영미 문학사에 찬란하게 빛나는 별 중 하나인 존 번연이 지은 '천로역정'에서 진리의 용사는 마지막 부르심을 듣고 이렇게 고백한다.

"나는 아버지에게 갑니다. 비록 여기까지 오는 데 매우 힘들었지만 여기 도착하기 위해 내가 겪었던 모든 고난에 대해선 전혀 후회가 없습니다. 나의 순례 길을 계승하는 사람에게 내 칼을 주겠소. 내 용기와 무술은 그것을 가질 만한 사람에게 주시오.
내 상처와 흉터는 이제 나에게 상 주실 분을 위하여 내가 싸운 모든 전투의 증거가 될 터이니 내가 갖고 가겠소."

이것은 한 길 가는 순례자의 마지막 고백이다. 빠른 이득을 추구하는 사람이 결코 할 수 없는 고백이기도 하다. 하나에 몰입하여 깊은 우물을 판 사람에게 나오는 처절한 고백이다.

진리의 용사는 선한 싸움을 하는 동안 자신을 지켜 준

칼과 용기 그리고 무술을 아낌없이 다음 순례자에게 물려준다. 이것이 의미하는 바가 무엇인가? 우리는 살면서 무수한 전투를 치른다. 무기 없이 전투에 나가면 죽는다. 좋은 무기를 갖춘 자가 승리한다.

전투에 나가는 사람에게는 용기와 무술이 필요하다. 적과 맞서 싸울 기백과 전투 기술이 필요한 것이다. 인생의 무수한 전투를 치른 백전노장이 이제 그 인생길을 따라오는 자에게 아낌없이 삶의 여정에서 거두어들인 지혜와 용기를 나눈다.

그럼 그가 최후에 취하는 것은 무엇인가? 바로 고난의 흔적이다. 이것이 '스티그마Stigma'다. 진리의 용사는 고백한다. 나는 내가 싸운 전투의 증거로 상처와 흉터를 가져가겠노라고!

사도 바울도 고백한다. '더는 나를 괴롭게 말라. 내 몸에 그리스도의 흔적을 지녔노라!' 이것이 '스티그마'다. 우리가 최후에 가지고 갈 수 있는 것은 안전지대를 벗어나 진정한 믿음의 모험을 감행할 때 우리 몸에 새겨진 흔적이다.

스티그마! 무수한 실패 속에서 알알이 몸에 새겨진 흔적들 말이다. 인생에 마지막만 있다면 이 말은 드라마틱하게 들릴 것이다. 나는 이 실패의 흔적들이 광야를 거칠 때에만 제대로 새겨진다는 사실을 내 몸으로 겪어냈다.

창업했으나 실패한 사람들. 도전했으나 거꾸러진 사람들. 가진 것을 다 쏟아부었으나, 아무것도 남지 않은 사람들. 그들은 내 앞에서 피눈물을 쏟았다. 그렇다. 피눈물이다. 사업에 실패하면 돈부터 떨어지는 게 아니다. 사람부터 끊긴다. 참신기하게도 망했다는 소식이 전파되는 그날 이후로 사람들 연락이 딱 끊긴다. 그게 사람 마음을 후벼판다. 잠이 안 온다. 막막하다. 광야! 그렇다. 인생에 광야를 만난 것이다.

두 눈에서는 눈물이 흘러내렸다. 그는 나를 바라보면 울고 있었다. 중년의 남자. 가진 모든 것을 꿈에 투자한 사람. 나는 그가 얼마나 성실하고 정직한 사람인지 안다. 그의 꿈이 실현되면 얼마나 많은 사람이 혜택을 누릴지도 안다. 그러나 그는 실패했다.

상상해 보라. 아침 댓바람부터 중년의 남자 둘이 커피잔을 마주하고 눈물을 흘리고 있는 장면을 말이다. 사람들은 흘끔흘끔 쳐다본다. 그런 사람들의 시선 따위 아랑곳할 새가 없다. 그렇게라도 속을 꺼내 놓지 않고 이렇게라도 울지 않으면 답답해서 견딜 수 없고 살 수 없다. 살고 싶어서 온 사람이고 지푸라기라도 잡고 싶어서 온 사람이다.

상처, 흔적, 후회, 번민. 무슨 말로 다 표현할 수 있으랴. 그는 열심히 살았다. 최선을 다했다. 그리고 실패했다. 사람들은 떠나갔다. 곁에는 몇 명 남지 않았다. 절망적인 상황이다. 이대로 내버려 둘 수 없어 몇 시간이고 같이 있는다. 고맙다며 자리에서 일어설 때 언제든 전화하라고 답답할 때 통화하자는 말을 건넨다. 부둥켜안고 어깨를 토닥인다. 안심되었던지 그제야 카페를 나선다.

결말은 어떻게 되었나? 그는 잘 산다. 아주 잘 산다. 여기서 말하는 그는 한 사람이 아니다. 그동안 내가 코칭을 통해 만난 다수의 프런티어들이다. 개척자인 그들은 영리와 비영리에서 그리고 종교와 비종교 영역에서 활약하고 있다.

코치로 사는 나는 잘 나갈 때보다 좀 지쳐있고 힘들 때 부름을 받는다. 당연히 분위기가 안 좋을 때 가서 기세가 올라올 때 이별한다. 먼 거리에서 소식이 들려온다. 이제 어엿한 그 분야의 강자가 되었다는 얘기를 듣고 슬며시 미소짓는다.

사정도 모르는 사람들은 그 가게가 어쩌다 성공한 줄 안다. 하루아침에 그 창업자가 일확천금을 번 줄로 착각한다. 그들이 수면 위로 드러나기 전까지 무수한 실패를 통해 시행착오 학습을 해 왔다는 사실을 그들은 보지 못한다.

사람들은 최종적인 결과물만 본다. 소비자들에게 생산과정은 여간해선 공개되지 않는다. 그들이 흔히 접하는 건 잘 포장되어 나온 최종 상품이다. 단순해 보이는 제품 하나에 어떤 피와 땀과 눈물이 담겨 있는지 확인하기는 힘들다.

위험지대에 과감히 발을 들여놓고 하나둘씩 늘어가는 상처 자국을 영광으로 알고 묵묵히 현장에 남아 소명을 감당하는 창업가들로 인해 이 사회는 한 걸음 더 미래를 향해 나아간다. 스티그마를 지닌 비즈니스 리더들에게 나는 오늘도 찬사를 보낸다.

안전한 공간 만들기

팀은 어떤 때 기세가 꺾일까? 아이러니하게도 잘 나갈 때다.

위험 신호가 울리지만, 성공에 도취하여 못 듣는다.

이런 이유로 팀은 정점을 찍을 때 가장 위험하다. 어제 한 성공이 오늘 발목을 잡는 경우가 다반사다. 오래전 일이다. 국내 굴지의 카메라 제조업체에서 일하던 사람에게 이런 말을 들었다. 새로운 제품 디자인을 상사에게 보고하니 대뜸 이렇게 말하더란다. '이런 디자인이 일본 제품 중에도 있어?' 없으면 접으라는 말 한마디에 그동안 애쓴 보람도 없이 프로젝트가 날아갔다.

일본 제조업이 정점에 있을 때 업을 시작한 상사였다. 당시에는 일본 제품을 벤치마킹해서 빠르게 따라잡는 것이 성공 공식이었다. 안전하고 확실한 성과가 보장되는 지름길이니 모두 그 길을 가기 바빴다.

<u>'한국 최고 건축에 한국 기술은 없다.'</u>

2015년 서울대 공과대학 이정동 교수가 진행하는 공영 방송 프로그램은 충격 그 자체였다. 서울 도심 한복판에 우뚝 서 있는 초고층 빌딩 건축 설계에 관한 내용이었다. 순수 우리 기술로 지은 줄 알았던 건물이 정작 핵심 기술은 전부 기술선진국에서 들여온 것이었다.

세계적이며 다국적인 기술의 집약체라는 찬사조차 민망하다. 초고층 빌딩 건설에 전 세계 최고를 자랑하는 기술이 집약된 건 사실이다. 기본 설계는 미국의 KPF, 75만 톤의 콘크리트를 무게를 견딜 수 있는 토목 설계는 영국의 Arup, 구조 설계는 미국의 LERA, 555n 높이의 건물이 초속 80m의 바람에도 버틸 수 있도록 풍동 설계 및 컨설팅은 캐나다의 RWDI가 맡아서 진행했다.

기본, 구조, 토목 설계는 건축에 있어서 밑그림이다. 개념 설계가 바탕이 되어 남은 작업이 이루어진다. 아직 우리 기업은 밑그림을 그리지 않고 있다고 이정동 교수는 딱 잘라 말했다. 개념설계는 전체 공사비의 5~10%에 불과하지만 이미 개념설계 단계에서 나머지 90% 작업에 쓰이는 핵심 자재와 구매처까지 정한다. 개념 설계에 나머지 비용이 종속된 구조다.

이어서 이정동 교수는 이 주제와 관련해 플랜트 설계 분야에서 석학인 서울대 한종훈 교수를 인터뷰한다. "화학 공장의 경우 어떤 설비를 사용하고 어떻게 그것을 구성하고 운전해야 하는가를 기본 설계에서 다 정하게 된다." 한 교수의 말이다. 이때 정해진 것에 따라 상세 설계와 구매 시공에서 모든 걸 기본 설계 기준에 맞게 사와야 한다.

핵심은 개념 설계이고 백지에 설계도를 그릴 힘이 중요하다고 이정동 교수는 거듭 강조한다. 기술선진국들은 대게 소득이 늘어날수록 기술 수출이 늘어난다. 우리는 그와 반대다. 소득이 늘수록 기술 수입하는 양이 늘었다. 밑그림을 그리는 능력이 현저하게 떨어지기 때문이다.

그렇다면 해결책은 무엇인가? 바로 '스케일 업Scale-Up'이다. 무수한 시도 끝에 새로운 돌파구를 마련하는 시행착오 학습인 '스케일 업'을 통해 우리는 기술선진국의 꿈을 이룰 수 있다. 문제는 빠른 성과를 요구하는 문화에서 '스케일 업'은 많은 시간을 요구하는 느린 작업이란 사실이다.

시간과 비용은 많이 들고 성공할 확률은 낮다. 실패할 위험은 크고 성과는 느리다. 단순 계산으로는 수지 맞는 장사는 아니다. 쉽사리 뛰어들지 못하고 포기한다. 그러는 동안 기술선진국들은 범접할 수 없을 만큼 앞서 나간다. 격차는 점점 벌어진다.

국내 대기업에서 마케팅을 전담하다가 창업한 분을 만

나 기업문화에서 기세가 얼마큼 중요한지 얘기를 나눈 적이 있다. 그분이 속했던 조직은 일 잘하기로 소문난 고성과 팀이었다. 그러나 모두가 선망하던 팀은 정점을 찍고 그대로 기세가 꺾여 회복하지 못하고 해체됐다.

쌉쓸하게 과거를 회상하던 창업자는 말했다. "한번 꺾인 기세는 여간해선 회복이 안 됩니다." 잘 나갈 때가 위험한 때다. 허를 찔리는 것도 다름 아닌 이때다. 올라가면 내려갈 일밖에 없다고 했던가. 물론 잠시 주춤하며 내려갔다가 다시 회복의 곡선을 그리는 예도 있다.

그런 조직은 과거의 영광을 내려놓고 새로운 시도를 한다. 지금도 괜찮은데 뭐하러 사서 고생하냐는 핀잔을 듣기도 하지만 그들은 멈추지 않는다. 머지않아 그 도전적인 행보가 결국 조직을 살리는 신의 한 수였음이 입증된다.

누구도 쉽사리 넘볼 수 없는 IT업계 강자는 마이크로소프트다. 이미 돈과 명예는 충분했다. 마이크로소프트는 여기 머물지 않았다. 자신들에게 부와 명예를 안겨준 윈도우 시리즈를 뒤로하고 미래 먹거리를 찾아 나선다.

공룡 마이크로소프트는 몸집과 달리 기민하게 움직였다.

클라우드 사업에 뛰어든 것이다. 새로운 기술을 조직에 접목하고 조직 문화를 혁신한 리더 덕분에 마이크로소프는 애플이나 엔비디아와 같은 빅테크 기업 중에 하나로 다시 전 세계 산업을 선도하는 위치에 올라섰다.

클라우드로 축적된 자본과 정보는 빠르게 챗GPT 개발로 이어졌다. 지금 그 어떤 기업보다 핫한 기업은 마이크로소프트다. 마이크로소프트의 기세는 어느 때보다 놀랍다. 파죽지세로 밀어붙이는 형국이다. 그에 반해 애플은 예전의 영광에 머물러 혁신과 거리가 멀어졌다는 평가를 받고 있다.

애플은 예전에 음원 창작자들에게 제대로 된 수입을 보장해 주며 업계를 선도했다. 그러나 근래엔 폐쇄적인 앱스토어와 독선적인 사업 방식으로 독과점법 위반으로 회사가 갈가리 찢길 위기에 처하기도 했다.

이 책이 출판될 무렵에는 어떤 결정이 내려질지 모르겠다. 위기를 무사히 넘기길 바란다. 외부에서 일어난 위기보다 더 큰 문제는 애플 제품에서 더는 혁신을 찾아보기 힘들다는 평가다. 애플의 기세는 이대로 꺾일 것인가? 아니면 또다시 우리를 놀라게 할 혁신을 이룰 것인가?

애플의 이런 모습을 보면 노키아가 떠오른다. 피처폰에 있어서 세계적인 강자이자 디자인과 기술 면에서 혁신을 거듭했던 노키아는 애플이 아이폰을 출시하고 얼마 안 되어 회사 자체가 사라졌다. 아이폰이 나오기 전까지 시장 점유율에 있어서 넘볼 수 없는 강자였던 노키아는 시장 변화에는 둔감했다.

노키아는 아이폰이 나오고 나서도 한동안 무슨 일이 일어나는지조차 알아차리지 못했다. 끝내 그들은 시장에서 외면받고 사라졌다. 이야기가 여기서 끝난다면 너무도 뻔한 스토리다. 그 후에 노키아는 어떻게 되었는가? 여러 회사로 세포분열을 일으켰다.

곧바로 작고 혁신적인 여러 개 스타트업이 생겨났다. 앵그리버드로 유명한 회사도 이때 창업했다. 노키아의 인재들에게 위기는 창업을 위한 기회가 되어 과감한 시도들이 시작된다. 공룡 기업 하나가 발 빠른 여러 개 스타트업으로 재탄생한다.

비즈니스 코칭에서 내가 무엇보다 강조하는 것은 기세다. 한 번 꺾인 기세는 회복하기 힘들다. 더구나 기세가 꺾이면 매출도 하락한다. 흔히 생각하듯 기세는 파이팅을 외치는 구호 정도가 아니다. 거침없이 <u>장애물을 돌파해 나가는 힘</u>이 바로 기세다.

심리학 이론에서 동기는 주된 관심사다. 무엇을 할지 말지 뿐만 아니라 실제로 어떤 것을 한다면 그것에 영향을 미치는 요인은 무엇인가? 이것이 동기다. 수많은 연구 끝에 동기에 영향을 미치는 강력한 요인으로 밝혀진 건 다름 아닌 감정이다.

회복탄력성과 내면소통으로 잘 알려진 커뮤니케이션 연구자 김주환 교수는 인간의 감정은 두려움 하나밖에 없다고 역설한다. 김 교수는 안토니오 다마지오의 신체 표지 가설을 바탕으로 이렇게 주장한다. 감정 자체가 행동 패턴이다. 몸의 변화를 보고 감정 변화를 즉시 알아차릴 수 있다. 감정은 생각으로 조절이 안 된다. 반면에 감정은 생각을 불러일으킨다.

뇌과학은 최근 사람들에게 많은 관심을 받는 분야다. 일상에서 우울과 불안을 경험하는 사람이 많아서 뇌과학을 통해 신경증을 이해하려는 시도가 빈번하다. 공격-회피 반응은 뇌과학과 정신건강 관련 연구에서 결론으로 자주 등장한다.

도마뱀 뇌라고도 불리는 아몬드 모양의 편도체는 외부 위험을 감지하고 대처하는 위험 방지 시스템이다. 위험 요소가 발견되는 즉시 몸에 반응을 일으킨다. 교감신경계가 활성화되고 심장이 빨리 뛰고 혈류량이 증가하고 근육은 팽창하고 위는 활동을 잠시 멈춘다. 이 모든 것이 공격-회피 반응을 위한 준비다.

이렇게 편도체가 활성화되면 전전두피질은 비활성화된다. 시소처럼 한쪽이 올라가면 한쪽은 내려가는 원리다. 위험과 맞닥트렸을 때 눈앞이 캄캄하고 장이 뒤틀리면서 오금이 저린 이유가 바로 편도체의 활성화로 인한 전전두피질의 비활성화 때문이다.

호랑이 굴에 잡혀가도 정신만 바짝 차리면 산다는 옛말이 있다. 이때 어떻게 정신을 차릴 수 있는가? 위험천만한 상황에서 제대로 판단을 하려면 전전두피질이 활성화되어야 한다. 곧 편도체가 비활성화되어야 비로소 심리적인 안정감을 회복하고 전체 상황을 파악하여 효과적인 판단을 내릴 수 있다. 무엇보다도 심리적 안정감 확보가 우선이다.

호흡 조절과 이완 기법을 통해 감각 기관에 영향을 줘서 몸의 긴장이 풀어질 때 편도체도 비활성화되면서 심리적 안정감을 회복한다. 일련의 과정은 순식간에 일어나기에 알아차리기 힘들다.

위험에 직면했을 때 몸에 저장된 반응이 순식간에 생각에 영향을 미치고 공포에 압도당한다. 숨 한번 크게 쉬는 건 생각보다 효과가 큰 응급처치다. 가까운 사람이 이런 위기에 처해 있다면 손을 잡아주고 안아주면서 등을 쓰다듬어 주면 몸이 이완되며 불안감이 가신다. 내 몸이 안전하게 보호된다는 신호를 받아들이면 비로소 공격-회피 반응 스위치가 꺼진다.

국립트라우마 센터에서는 해마다 재난 상태에서 트라우마를 경험한 재난 경험자들을 돕는 현장 요원을 양성한다. 이 프로그램에서 나는 대규모 역할극을 통해 재난 상황을 체험해 볼 수 있었다.

훈련에 참여한 사람들은 제비뽑기를 통해 재난 경험자와 조력자 그리고 현장 요원 역할을 맡는다. 재난 상황에 대한 모의 시니리오와 역할 수행에 대한 상세한 지시가 주어진다. 이때 강당에는 재난 경험자와 조력자가 남고 나머지는 강단

밖에서 대기하다가 일정 시간을 두고 재난 상황이 벌어진 강당으로 입장한다.

잠시 뒤 들어선 강당은 아수라장이다. 사람들이 소리를 지르고 이곳저곳에서 도움을 요청한다. 현장 요원으로 투입된 참여자들은 이 상황에 적응하지 못하고 허둥댄다. 모의라고는 하지만 갑자기 발생한 재난 상황에 편도체는 활성화된 반면 전전두피질은 비활성화되어 판단력이 저하된 탓이다.

역할극이 끝나고 나서 사람들은 두 가지 면에서 놀란다. 재난 경험자 역할을 한 사람들이 보여준 뛰어난 연기력에 감탄사가 여기저기서 터져 나온다. 역할극에 참여한 사람들이 실제 재난 경험자처럼 역할에 몰입한 덕분에 현장감 넘치는 체험이 가능했다.

실감 나는 역할 연기에 압도당한 현장 요원 역할들은 몸이 굳어 버리고 말문이 막힌다. 피드백 과정에서도 현장 요원 역할을 맡은 사람들은 자신이 벌인 실수를 마치 참회하듯 고백했다. 재난 경험자 역할을 한 사람들은 미처 생각해 보지 못했던 면을 역할극 과정에서 발견했노라며 값진 통찰을 나누기도 했다.

역할극에서는 당황해 엉뚱하게 말하고 제대로 된 대응조차 못 했던 사람들이 피드백 때는 상황에 대한 객관적 원인 분석에서 설득력 있는 대안 제시까지 막힘없이 말하고 정리 요약까지 깔끔하게 마무리했다.

불안은 이처럼 우리 판단력을 흐리게 하고 평소 같으면 너끈히 해결할 문제에도 발목 잡히게 한다. 감정이 문제인 것이 아니라 감정 오작동이 문제다. 거듭해서 말하지만 감정은 생존과 직결되어 있다.

생존이 걸린 시급한 문제에서는 몸이 먼저 반응한다. 감정은 몸의 기억이다. 사람은 사회적 존재다. 출산 직후 상당 기간 유아는 누군가 돌봐주지 않으면 죽는다. 인간에게 관계는 유아기뿐만 아니라 성인이 되어서도 사느냐 죽느냐의 문제다.

불과 몇백 년 전까지만 해도 도시나 마을에서 추방당한 사람은 죽음을 각오해야 했다. 사형보다 가혹한 처벌은 추방령이었다. 그리스에서도 민주정에 반하는 독재자를 도편추방령으로 도시에서 쫓아냈다. 그렇게 추방당한 자는 언제 죽어도 이상할 게 없었다.

혼자서는 살 수 없다는 걸 인간은 뼛속 깊이 새겨진 생존 본능으로 안다. 이런 형편에 사회적 신호를 읽어내고 해석하는 건 공동체에서 살아남기 위한 필수적인 기술이다. 불분명한 사회적 신호를 추측에 의존해서 파악할 때 따르는 위험성 때문에 문명사회는 사회적 규칙이나 규약을 세우기도 한다.

명문화된 것은 아니지만 누구나 이 정도는 알고 지키는 걸 우리는 상식이라고 한다. 상식을 벗어난 행동을 비정상으로 판단해서 위험하다고 여겨 거리를 두기도 한다. 글로 풀어서 그럴싸할 뿐이지 이 모든 건 상식이다.

'팀원들이 무슨 생각하는지 모르겠다.' 조직 코칭을 하다 보면 중간관리자에게 흔히 듣는 푸념이다. 파커 파머가 말한 동물 관찰법은 이런 리더들에게 소통을 이해하는 실마리가 된다.

진기한 동물을 관찰하려면 스스로 모습을 드러낼 때까지 숨죽이며 기다려야 한다. 숲이 안전하다고 느낄 때 관찰하려는 동물은 비로소 모습을 드러낸다. 마음은 진기한 동물과 같다. 조용히 기다릴 때 나타난다. <u>안전이 확인될 때에만 마음</u>

<u>은 모습을 드러낸다.</u> 상대방이 어떤 마음을 품고 사는지 알고 싶다면 안전한 공간부터 만들고 볼 일이다.

안전한 공간 만들기는 퍼실리테이션에 있어서 핵심이다. 마음을 터놓고 얘기할 수 있는 안전한 공간이 확보될 때에만 비로소 퍼실리테이션은 진가를 발휘한다. 마음이 나뉜 상태에서는 팀이 제 기량을 발휘할 수 없다.

세계 챔피언 T1을 비롯하여 내가 이제까지 코칭을 해 온 팀들은 한결같이 안전한 공간을 만드는 퍼실리테이션을 통해 원팀이 됐다. 안전한 공간이 만들어지자 팀은 거리낌 없이 말하고 마음을 툭 터놓고 서로를 받아들였다.

'온전히 존중받았다.' 퍼실리테이션을 마무리하며 이런 고백이 이어졌다. 그렇게 사람들은 서로에게 진실하게 다가서고 충만해진다. 함께 그 공간에 머물고 있는 사람들은 충만한 기운을 피부로 느낀다.

기세가 올라간다. 거침없이 도전한다. 막을 상대가 없다. 전승으로 우승한다. 한번 올라간 기세는 꺾이지 않는다. 기세가 꺾일 무렵 다시 마음을 다잡는다. 하강 곡선이 S자 회복 곡선을 그리며 박차고 오른다.

진정한 용기

모든 상처가 약이 되는 건 아니다. <u>해석된 아픔</u>이 약이 된다. 모든 아픔이 길이 되지 않는다. 아픔을 겪어낸 길 위에서 포기하지 않고 이유를 밝혀 나가는 사람을 통해 길이 난다. 명품 드라마 '시그널'에서 1980년대를 살아가는 이재한 형사와 2015년 살아가는 박해영 경위는 무전을 통해 크고 작은 미제 사건을 시대를 초월하여 함께 해결한다.

　　시대를 초월한 공조 수사 과정에서 과거가 바뀌고 미래는 예측할 수 없는 방향으로 흘러간다. 사람을 살리려고 한 선택이 엉뚱한 사람을 죽게도 한다. 외압에도 불구하고 두 사람은 수사를 포기하지 않는다. 경찰이라면 누군가는 이 일을 해야 한다는 사명감이 두 형사를 이끈다.

　　"무조건 살린다." '낭만 닥터 김사부'에서 나오는 대사다.

"나는 절대 실패하지 않아." 의학 드라마 닥터 X의 시그니처 대사다. "반드시 잡는다." 내 입에서 맴도는 온갖 형사물 드라마 단골 대사다.

질병과 사고로 죽어가는 사람을 살리는 일이든 살인자를 막아 무고한 시민을 살리는 일이든 사명은 하나다. 생명을 살린다. 그야말로 목숨 걸고 할 만한 일이다. 이런 게 사명감이다. 싸워야 할 이유가 있을 때 전쟁터의 군인들은 자리를 사수하고 두려움을 무릅쓰고 전쟁터를 지킨다. 나로 인하여 조국이 살 것을 믿기 때문이다. 폭탄이 떨어지는 런던 시내 한복판을 윈스턴 처칠은 아무렇지도 않게 걸어 다닌다. 그 모습을 본 영국 시민들은 포탄도 피해 가는 처칠이 이끄는 영국이 전쟁에서 승리할 것을 확신한다.

연합군은 질 수 없다. 져서는 안 된다. 우리가 무너지면 유대인을 아우슈비츠로 보내는 전쟁광 히틀러가 전 세계를 장악한다. 그렇게 내버려 둬서는 안 된다. 전쟁은 칼과 총탄으로만 하는 것이 아니다.

싸워야 할 이유를 잃어버린 전쟁은 이미 진 것과 다름없다. 미군은 1970년대 기준으로 미국 국민총생산의 10%가 넘는 1500억 달러에 이르는 막대한 전쟁비용을 쓰고도 미국과 전력에 있어서 비교조차 할 수 없이 열세였던 베트남에 사실상 패배했다.

"그리고 아기들은? (And babies?)"

"아기들 역시. (And babies.)"

'라이프'지에도 실린 1970년 미국 미술작가협회(AWC) 포스터 위원회가 만든 '미라이 학살'이란 제목의 포스터 위에 인쇄된 글이다. 학살한 504구의 시체를 마을 곳곳에 늘어놓은 미군의 만행은 1968년 베트남 중부 쾅치성 미라이라는 작은 마을에서 일어났다.

포스터에는 아기들과 부녀자들이 일그러진 얼굴로 주검이 되어 길가에 버려진 모습이 담겨 있다. 학살에 가담한 윌리엄 캘리 중사 혼자 109명을 죽였다. '미술로 보는 21세기'에서 평론가 이주헌은 베트남 전쟁을 바라보는 1970년대 미국 예술가들의 시선을 이렇게 정리한다.

"어떤 명분으로도 합리화될 수 없었던 '더러운 전쟁'. 그런 탓에 그 전쟁에 대한 예술적 저항이 미국 예술가들 사이에서도 적잖이 일어났던 것이다."

결국, 본토 미국에서는 전쟁을 반대하는 시위가 대학가를 중심으로 일어난다. 파병에 반대하고 입대를 거부하는 청년들은 늘어났고 베트남 전쟁의 전세는 기울어만 갔다. 마침내 미군은 2차 세계대전에서 퍼부은 폭탄보다 훨씬 많은 포탄을 베트남에 쏟아붓고도 전쟁을 끝내지 못한 채 본국으로 돌아간다.

미군과 달리 베트남은 싸워야 할 이유가 분명했다. 프랑스로부터 독립한 베트남은 다시 외세에 압제당하지 않고 완전한 독립을 이루기 위해 목숨을 걸었다. 베트남 사람들에게 '호 아저씨'란 애칭으로 불린 호치민은 전장에 타자기를 가지고 다니며 독립의 정당성을 베트남 전역에 알린다.

최전선에서 싸운 독립운동가 호치민은 자신을 건국 영웅으로 내세워 동상을 세우려는 시도를 끝까지 만류한다. '호 아저씨' 호치민의 동상을 세우지 못한 베트남 사람들은 끝내 호치민의 흉상으로 만족해야 했다. 조국을 사랑하여 모든 것을 조국 독립을 위해 바친 지도자가 이끄는 군대는 비록 전력은 형편없었으나 투지는 남달랐다.

지금 베트남은 눈부신 성장을 거듭하는 젊은 나라다. 박항서 감독이 이끈 베트남 국가대표팀은 이제까지 베트남 축구 역사상 모든 기록을 갈아치우며 국제무대에서 선전한 덕분에 베트남과 우리는 그 어느 때보다 가까워졌다. 이제 코리아는 베트남에 둘도 없는 이웃이다. 독립운동의 역동성을 지닌 대한민국과 베트남은 경제적 동반자로 동아시아 성장의 축을 이끌고 있다.

이유 없이 맞는 매는 억울하다. 분통이 터지고 복수심이 일어난다. 신이 존재하기라도 한다면 그 신에게라도 앙갚음하고 싶어진다. 해석되면 그나마 낫다. 이유를 알고 맞는 매는 그나마 덜 아프다.

'왜'라는 질문은 과거를 향한다. 왜 그랬어? 왜 그렇게 했을까? 왜? 왜? 왜? Why? 묻는 대답에는 답이 없는 경우가 많다. 답을 듣더라도 '꼭 그래야만 했냐?"는 영화 '해바라기'의 대사 같은 허탈함만 메아리칠 뿐이다.

'이유'는 '왜'라는 질문과 달리 미래를 향한다. 그것을 해야 할 이유는 그것의 목적에 다름 아니다. 살아야 할 이유는 살아야 할 목적과 같다. 싸워서 이겨야 할 이유는 지켜내야 할 그 어떤 것이 있기 때문이다. 목마른 이유는 아직 채워지지는 않은 탓이다. 대한민국 국가대표팀을 이끈 히딩크 감독의 목마름은 승리에 대한 갈망이었다.

아직 도달하지 못한 길이 있다면 그 길을 계속 가야 할 이유는 충분하다. 수많은 상처에도 불구하고 도달해야 할 경지가 있다면 인생 한 번 걸어볼 만하다. 어디 가는지도 모르고 따른 길이 불안하지 갈 길을 알고 나선 길은 잠시 혼란할지 몰라도 이내 힘을 내 어려움을 이기고 종착점에 다다른다.

코치로서 나는 은퇴를 앞두고 있거나 은퇴한 분들을 만날 때가 있다. 한때 현장을 호령하던 그 기백은 간데없고 어깨는 축 늘어져 측은한 마음마저 든다. 보기에 따라서는 아직 한창때이건만 일을 내려놓으려 하니 여간 아쉬운 것이 아닌 모양이다. 깊은 한숨을 내쉬며 대개 이렇게 말을 꺼낸다.

"잘 살아온 것인지 모르겠어요. 나름대로는 애쓰며 살아왔는데 제가 꼭 필요한 사람인지 모르겠습니다. 앞으로 의미 있는 일을 하고 싶어요."

다윗은 기독교 문명을 바탕으로 한 서구 사회에서는 누구나 알고 있는 이스라엘 역사상 가장 위대한 왕이다. 구약성경에 기록된 행적을 살펴보면 지혜와 용기 그리고 하나님께

대한 믿음에 있어서 다윗을 견줄 만한 왕은 없다.

그런 다윗이 사울에게 쫓겨 블레셋에 도망했을 때 블레셋 가드 왕 아기스 앞에서 침을 흘리며 미친 척한다. 목숨을 구걸하기 위한 호구지책으로 보기 십상이다. 그렇지만 다윗이 누구인가? 고대 근동에서 맞설 자가 없었던 용사다. 조국 이스라엘과 하나님을 모욕하는 블레셋 거인 용사 골리앗을 물맷돌 하나로 쓰러뜨린 소년 전사가 다윗이다.

고대 세계에서는 적에게 항복하는 것은 수치로 여기고 전장에서 싸우다 죽는 것은 명예로 받아들였다. 헤로도토스의 '역사'에 의하면 테르모필레 전투에서 페르시아군에 맞선 스파르타의 삼백 용사들은 창이 부러지면 허리에 찬 칼로 싸웠고, 그마저 망가지면 땅에서 돌을 주워 싸우고 주먹과 이로 최후까지 항전했다.

전멸을 예상하고서 이렇게 저항한 이유를 후대 역사가들은 여러 가지로 분석한다. 가장 타당한 이유는 페르시아 군대로부터 그리스 연합군이 안전하게 후퇴해 최후 승리를 거두게 하기 위한 전략적 희생이라는 게 중론이다. 여기에 다른 이유도 있다. '스파르타인은 절대 후퇴하지 않는다'는 전통을 지키기 위해서라는 설도 있다.

전사로서 스파르타인의 자긍심은 죽음을 각오할 만큼 강했다. 고대 전사들은 이런 정신력으로 무장한 채 목숨을 바쳐 조국을 지켰다. 절대 무릎 꿇지 않고 절대 뒤를 보이지 않고 조국을 위해 목숨을 바친다. 전사로서 맞이하는 명예로운 결말이다.

철학자로만 알려진 소크라테스는 시민군으로 전투에 참여해 가장 늦게 후퇴한 것으로 알려져 있다. 그는 다른 사람들이 모두 퇴각하는 와중에도 최후까지 남아 느긋하게 후퇴했다. 스승 소크라테스를 영웅으로 묘사하고 싶은 제자 플라톤의 각색은 어느 정도 예상되는 바다. 얼마나 미화되었는지는 모르겠으나 당시 전사들이 무엇을 가치 있게 여겼는지는 짐작할 만하다.

빈번한 전투에서 도망치지 않고 무릎 꿇지 않는 전사의 태도는 고대 세계 어디에서든 미덕으로 추앙받았다. 다윗은 양이나 치던 시골 촌뜨기로 물매 하나로 골리앗을 물리친 불세출의 영웅이다. 나이가 들어서도 전장에 나가 선봉에서 싸우기를 주저하지 않았던 용사가 다윗이다.

노구를 이끌고 전장에 나간 다윗이 적장의 손에 죽을 위기를 겪고 나서 장수들은 왕에게 다시는 전쟁터에 나오지 말기를 간청한다. 다윗은 그런 왕이었다. 왕궁에서 편안하게 왕좌나 지키는 여느 왕과는 거리가 멀었다. 손에 창을 들고 직접 나가 싸우는 왕이었기에 병사들은 왕을 아끼고 사랑했으며 그 충성심 또한 남달랐다.

싸움에 있어서 물러섬이 없었던 용사 다윗이 목숨을 구걸했다. 적국의 왕에게 침을 흘리며 미친 척을 해 가며 살아남았다. 이유가 있지 않을까? 이렇게 해서라도 살아남아야 할 이유 말이다.

중국 한나라 장수 이릉은 흉노족 토벌에 나섰다가 도리어 포로가 된다. 한무제는 이릉 일족을 참형에 처하라고 명한다. 장수 이릉의 충심을 알고 있던 사마천은 이릉을 변호한다. 이 일로 사마천은 임금을 속인 무명죄로 허리가 잘려 죽거나 50만전을 내고 사면받거나 궁형을 받아야 했다. 궁형은 생식기를 잘라내는 형벌로 사람들은 사마천이 이런 수치를 당하느니 죽음을 택할 것으로 보았다.

예상과 달리 사마천은 자신의 생식기를 잘라내고 살아

남는다. 제대로 된 역사 기록을 남겨달라는 아버지 사마담의 유언 때문이었다. 궁형을 당한 사마천은 한동안 사람 취급도 못 받았다. 그렇게 살아남아 끝내 '사기'를 완성한다.

'사기'는 동아시아 한자 문화권 역사서를 통틀어 금자탑과 같은 작품이다. 사마천에 의해 완성된 기전체 역사서술 방식은 이후 동아시아 문화권 역사 기록에 있어서 표준이 된다. 무엇을 위해 수치를 참아낼 것인가? 이런 모욕을 당하더라도 살아남아야 할 이유가 무엇인가?

답은 각자 다를 것이다. 살아온 길이 다르고 살아갈 길이 다르니 분명 대답도 천차만별일 터다. 스티그마! 진리의 용사는 말한다. 이 칼과 용기와 무예는 후대를 위해 남겨 두겠다. 내가 가지고 갈 것은 이 상처 자국이다.

우리 인생을 증명하는 것은 무엇인가? 모진 목숨 그래도 이어온 이유는 무엇인가? 상처, 그 상처 자국이 말해 줄 것이다. 진정한 용기는 살 이유를 발견하고 그것을 끝까지 추구하는 것임을.

T1은 어떻게 위대한 이야기를 만났나

3 실패를 두려워하지 않고 얻은 좋은 각

2024년 5월 T1의 구마유시 이민형 선수는 대회 기간중 공식 인터뷰에서 "저희팀은 시도를 두려워하지 않기 때문에 계속 좋은 각이 나오는 것 같습니다." 라고 이야기 한다. 시도를 두려워 하지 않는 다는 것은 무엇인가? 시도를 두려워 하지 않는 것은 곧 실패를 두려워하지 않는 것이다. 실패를 두려워하지 않고 시도할 때 좋은 각이 나와서 게임을 승리로 이끌 수 있다. 많은 시도는 많은 실패를 가져오지만 그 시도가 없다면 좋은 각이 나오지 않는 다는 것을 T1 선수들은 알고 있는 것이다.

4장 Disciple
바른 방향으로 숙련된 리더

#크레도 #시행착오

#메타노이아 #마음근육 #방향

올바른 방향으로 이끎

1999년 9월 21일 대만 난터우현에서 발생한 지진은 규모 7.6
으로 사망자 2,400여 명에 부상자는 11,000명에 이르렀다.
2024년 4월 3일 대만 동부 화롄현 지역에서 일어난 지진은
규모 7.2였다. 대만 당국이 발표한 집계에 의하면 사망자 10명
과 부상자 1067명이 발생했다. 1999년 9월 21일에 일어난 이
른바 '921 대지진' 이후 대만 정부는 재해 대비 관련 법률을 제
정하여 국가급 센터 2개를 설립하고 지진 대응 훈련을 꾸준히
해 왔다. 건물마다 내진설계를 기본으로 한 덕분에 2024년 지

진 발생에도 무너진 건물이 거의 없었다. 대만 정부의 위기 대응 능력은 찬사 받아 마땅하다. 더불어 대만 시민들은 자신에게 맡겨진 일에 최선을 다하며 끝까지 책임지는 모습을 보였다.

대만 매체들은 3일 지진이 일어난 타이페이 한 산부인과의 CCTV 장면을 앞다투어 내보냈다. 강진에 CCTV 화면조차 흔들리는 일촉즉발의 위기 상황 속에 남겨진 간호사 세 명은 흔들리는 건물을 벗어나지 않고 끝까지 신생아실을 지키며 흔들리는 신생아 침대를 온몸으로 붙들고 아이들을 지켜냈다.

무엇이 이들이 자기 목숨마저 내어놓고 아이 곁을 지키게 했는가? 만약 이들이 살아남고자 하는 본능에 따라 움직였다면 서둘러 도망갔어야 마땅하다. 그러나 간호사들은 본능을 초월하여 아이들을 지킨다는 <u>가치에 따라 행동</u>했다.

방송국에서 당시 현장에 있던 간호사를 인터뷰했다. 자신도 무서웠으나 아기들을 안전하게 지켜야 한다는 마음으로 두려움을 이겨냈다고 한다. 위기의 순간에 어떤 선택을 하는지가 바로 그 사람이 따르는 핵심가치다.

말이 아니라 행동이 그 사람이 누구인지를 증명한다. 우리는 특정한 사람을 떠 올릴 때 그 사람이 한 말보다 평소에 자주 하는 행동을 떠 올리곤 한다. 그 사람 알아? '아! 느린 사람, 그 빠른 사람.' 반복해서 하는 행동이 어떤 패턴을 이룰 때 우리는 그것을 성격으로 인식한다.

대만에서 지진이 난 후 화제가 된 방송국 아나운서가 있다. 방송국 건물이 지진으로 요동치자 스튜디오에서 뉴스를 진행하던 아나운서가 흔들리는 대형 화면을 손으로 지탱하며 끝까지 재난 방송을 이어간다. 방송을 보고 한 사람이라도 더 안전하게 대피할 수 있도록 돕기 위해서 안내 방송을 이어간 것이다. 이런 사람이 바로 지도자다.

1982년 10월에 시카고 교외에서 타이레놀을 복용한 열두 살 아이가 죽었다. 그 후 연달아 시카고 인근 지역에서 성인 여섯 명이 사망했다. 모두 타이레놀을 복용한 사람들이었다. 사망한 일곱 명뿐만 아니라 비슷한 시기에 타이레놀을 복용한 사람들은 심한 복통을 호소했다. 사건을 조사해 보니 누군가 타이레놀 캡슐을 열어 그 안에 내용물을 버리고 청산가리를 넣은 후 다시 매대에 올려놓아 이 사태가 벌어진 것이었다.

끝내 범인은 잡지 못했고 35%에 달했던 타이레놀의 시장 점유율은 7%까지 떨어졌다. 이때 타이레놀 제조사인 존슨 앤존스는 타이레놀 3천 100만 병을 전량 수거한다. 당시 금액으로 1억 달러에 달했다. TV와 각종 매체에는 절대 타이레놀을 먹지 말라는 광고까지 내보냈다. 이런 타이레놀의 조치는 미국 보건 당국조차 지나치다고 우려할 정도였다. 시장에서는 존슨앤존스가 망할 거란 얘기가 공공연히 나돌았다.

사건 10주 만에 존슨앤존스는 3중 보호막으로 안전을 강화한 새로운 타이레놀을 내놓았다. 35%의 시장 점유율을 회복하기까지는 그로부터 3년의 세월이 흘렀지만 존스앤존스는 기업을 지켜냈을 뿐만 아니라 행동하는 기업으로 오히려 가치가 상승했다. 입으로 전하는 메시지보다 행동으로 전달되는 메시지는 그만큼 강력하다. 사람들이 신뢰하는 것은 말보다 행동이기 때문이다.

미국에서 떠오르는 커피 브랜드가 있다. 드라이브인 스루 커피 전문점 '더치브로'가 그 주인공이다. 하루는 페이스북 페이지에 올라온 '더치브로'에 관한 게시물에 '좋아요' 수십만 개가 달려 화제가 됐다. 전날 남편을 잃은 30대 여성이 커피를 사려고 '더치브로'에 차를 몰고 갔다. 커피 주문을 받으며 이야기를 나누다가 안타까운 사연을 들은 '더치브로' 직원들은 여성을 위해 함께 기도하며 위로했다.

이 장면을 누군가 핸드폰으로 찍어 페이스북에 올리자 사람들은 앞다투어 '좋아요'를 누르기 시작했다. 소식을 듣고 지역 방송국에서 취재를 나왔고 '더치브로'는 스타가 됐다. '더치브로' 직원들은 '더치 신조'에 따라 일한다. '내가 사람들에게 사랑을 베풀면 사람들도 나에게 사랑으로 보답할 것'이란 사랑의 신조에 따라 행동하는 것이다. '더치브로'에서 일하는 어느 직원은 이런 고백을 한다. '여기에서 난 생면부지의 사람들에게 사랑을 베푸는 법을 배웠다. 이것은 다른 어떤 곳에서도 배우지 못한 가치다.' 사랑이 핵심가치라고 말하는 것과 사랑이란 핵심가치에 따라 선택하고 결정하고 책임지는 건 전혀 다른 얘기다.

말과 실천이 어긋나 있을 때 젊은 세대들은 감각적으로 거부감을 느낀다. '그린워싱' 논란이 대표적이다. 환경에 이롭지 않은 제품을 친환경 제품으로 포장하여 이익을 얻으려는 행태를 꼬집는 말이 '그린워싱'이다. 세계적인 '친환경' 흐름에 따라 마케팅 캠페인에 열을 올리지만 정작 제품과 서비스 어디에서도 기존 제품보다 친환경적인 요소를 찾아보기는 힘들다. 환경을 위하는 척할 뿐 실질은 없는 이미지 세탁에 불과하다. 한국 사회에서 개신교회가 뭇매를 맞는 이유도 여기에 있다. 사람들은 개신교회가 위선적이라고 평가한다. 무엇보다 사랑이란 가치에 충실해야 할 교회가 갈라치기에 앞장서니 이런 비난을 피해 갈 수 없는 노릇이다. 동영상 플랫폼의 뒷 광고 문제도 사회적으로 큰 파장을 불러일으켰다. 내 돈 내고 내가 사서 써보니 좋아서 동영상 후기를 남기노라고 '내돈내산'이란 제목까지 버젓이 붙여놓은 영상이 알고 보니 거액을 받고 상품을 노출한 뒷 광고였다. 심각성을 알고 채널까지 폐쇄하며 진정성 있게 사과한 크리에이터들은 자숙 기간을 거쳐 복귀해 여전히 활발하게 활동한다. 그러나 이 사안을 대수롭지 않게 생각하고 뭐 어떠냐는 식으로 안일하게 대응한 크레에이터들은 지금은 자취조차 찾아볼 수 없다.

문제는 광고가 아니다. 그들이 내세우는 가치와 행동의 균열이 문제다. 전통적인 격식을 따르지 않을 뿐이지 현세대는 다른 어떤 세대보다 윤리적인 면을 중요하게 생각하고 빠르게 반응한다. 요즘 사업하는 사람들이 트랜드보다 윤리에 더 관심을 기울이는 이유다. 윤리적인 감각이 없으면 비즈니스도 힘든 세상이 됐다.

그런 의미에서 리더란 무엇인가? '크레도(Credo)'가 있는 사람이다. '크레도'는 라틴어로 심장을 바친다는 말이다. 내 심장을 바쳐서 충성할 만한 가치가 있는 사람이 리더다. 리더에게는 목숨 걸고 지킬만한 그런 강력한 신념이 있다. 진북(眞北)을 향한 리더의 마음이 '크레도'다. 리더는 올바른 방향으로 사람들을 이끈다. 어긋난 방향에서 돌이켜 바른 방향을 찾아가는 예민한 감각이 리더에게는 필수다. 내면의 소리에 반응하여 바른 방향으로 행동하는 것이 윤리다.

한 농업관리가 '가르칠 수 있는 용기'의 저자 파커 파머가 이끄는 써클 모임에 참여했다. 거듭되는 써클 모임 내내 그는 침묵했다. 마침내 침묵을 깬 농업관리는 이번 써클 모임을 통해 내면의 소리를 듣게 됐노라고 입을 열었다.

상부의 명령을 어기더라도 이제 땅의 소리를 듣겠노라고 그는 담담히 말한다. 자신의 소명에 정직하게 반응한 농업관리는 그제야 진정한 리더로 거듭난다. 자신을 속이는 일은 일면 쉬워 보이나 큰 대가를 치르게 마련이다.

진실을 외면한 리더는 영적인 에너지가 고갈된다. 굶주린 영혼은 다른 것으로 자신을 채우기 위해 늘 분주하다. 진정한 나와 거짓 나 사이 벌어진 간격만큼 괴로움도 커져만 간다. 자신을 속이는 건 자신을 갉아먹는 일이다.

소명에 응답하는 사람들은 세상 모든 아름다운 것들을 돌볼 힘을 얻는다. 땅의 언어를 이해하고 들을 줄 아는 농업관리자를 통해 대지는 생명을 품는 공간으로 회복된다. 나와 마주함은 힘든 일이지만 그만큼 가치 있는 일이다.

대전과 원주에서 지역 사회를 섬기는 리더들이 퍼실리테이션 전문가 과정을 열어달라며 나를 초청했다. 리더들은 늦은 밤까지 나를 붙들고 끊임없이 질문을 쏟아냈다. 자신이 속한 공동체를 회복시키고자 하는 열망으로 가득찬 리더들은 절박해 보였다. 그런 이들 사이에 유독 말수가 적고 진중하여 눈에 띄는 분이 있었다. 참석자 중에 가장 먼 곳에서 왔을 뿐만 아니라 뭔가 사연도 있어 보여 워크숍 내내 이 궁리 저 궁리해가며 말을 붙여봤다.

정작 본인은 불편한 기색 하나 없이 워크숍 내내 침묵을 유지했다. 말을 많이 안 하니 무슨 생각하는지 궁금해서 애가 탄 건 오히려 내 쪽이다. 아무래도 뭔가 사연이 있어 보여 자꾸 말을 붙이고 싶은 걸 간신히 참고 기다렸다. 마침내 그가 입을 열었다.

"저는 우리 공동체가 행복했으면 좋겠어요."

워크숍이 마무리되어 가는 시점에 나온 고백이었다. 형편을 알고 있던 모양인지 옆에 있는 참석자가 그 말을 거들었다. 듣고 보니 딱한 사정이었다. 코로나로 힘들게 유지하던 모임이 버티기 어려운 수준까지 이르렀던 모양이다. 이틀 동안 겪어본 바로는 인품이 훌륭한 분이었다. 그래서 더 마음이 아팠다. 깊은 맛은 음미할 줄 아는 사람을 만나야 제대로 된 대접을 받는 법이다. 인공 감미료에 길들인 입맛으로는 밍밍하게 느껴지는 것이 어쩌면 당연할는지도 모르겠다. 리더십의 진가도 마찬가지다. 오랜 시간 함께 할 때만이 진면목을 알아볼 수 있건만 이제는 그런 기다림의 시간조차 사치로 여겨지나 보다.

화려하게 치장된 선동꾼들이 리더로 둔갑하여 대중을 오도하고 있으니 그저 안타까울 따름이다. 나와 달리 그는 누구도 원망하지 않았다. 하나 마나 한 세평조차 입에 올리지 않았다. 다만 그는 공동체의 행복을 바랐다. 그 진심이 묵직하게 마음을 울렸다. 누구 하나 쉽사리 입을 떼지 못할 만큼 울림은 컸다. 오랜 기간 묵묵히 한 길을 걸어온 사람에게서 느껴지는 묵직함에 장내는 숙연해졌다. 평소 같으면 불편했을 침묵조차 끈끈한 연대로 이어지는 충만함 가운데 편안하게 머물 수 있었다. 한마디 말도 없이 수많은 대화가 오갔다. 산 정상에 오른 산악인이 그저 침묵으로 자신 앞에 펼쳐진 절경을 마주하듯이 서로를 마주하며 내면에서 울리는 소리에 귀를 기울였다. 나와 마주 섬은 험한 길이나 끝내 가야 하는 길이다.

용기를 뜻하는 영어 단어 커리지(courage)의 어원은 라틴어 '크레도(Credo)'이다. 라틴어로 'cre'는 '심장'이고, 'do'는 '드린다'를 뜻하니 생명을 바쳐 지켜내는 믿음이 크레도인 셈이다. 예전에는 심장을 생명의 근원으로 여겼다. '크레도'는 심장을 바칠 만큼 목숨 걸고 지켜야 하는 신념이다.

진정한 용기란 전 생애를 바쳐 내면의 소리에 정직하게 반응하며 사는 것이다. 한 방향으로 오래 헌신해온 사람은 그래서 힘이 있다. 우직하게 일관된 방향으로 나아가는 사람을 통해 오늘도 가치는 빛을 발한다. 간혹 몸서리쳐질 만큼 하나에 헌신하는 사람을 만나곤 한다. 그런 장인은 자신이 하는 일에 있어 타협이 없다. 칼이든 항아리든 숟가락이든 그런 장인이 솜씨를 부려 만든 것에는 혼이 서려 있다. 본질을 꿰뚫는 힘이 거기에 있는 것이다.

언젠가 제빵 장인 폴 사장이 나에게 이렇게 물었다. "가장 만들기 어려운 빵이 무언지 아세요?" 빵에 있어 둘째가라면 서러워할 제빵 장인이 빵이라고는 먹어본 적밖에 없는 나에게 던진 선문답 같은 질문에 그저 빤히 폴 사장 얼굴만 바라봤다.

"바게트예요." 궁금해서 "바게트요?"하고 되물으니 하는 말이 "기본이 만들기 제일 어려워요." 하는 것이 아닌가! 기본, 그렇다. 재료 본연의 맛을 내는 것이 어렵지 달고 짜게 만드는 건 쉽다. 단팥을 섞고 크림을 잔뜩 넣고 소금을 치면 그건 단맛과 짠맛일 뿐 더는 빵 맛이 아니다.

목이 마를 때 물 한 잔 마시면 그렇게 맛날 수 없다. 그러나 무슨 맛이냐고 되물으면 답하기 어렵다. 물은 그저 물일뿐 별다른 맛이 없다. 물은 물맛이, 밥은 밥맛이 날 뿐이다. 자꾸 거기에 뭘 섞으면 오히려 재료 본연의 맛을 잃어버린다. 인생에도 맛이 있다. 재료 본연의 맛을 살려내듯 나다운 모습으로 살아갈 때 그 인생은 빛이 난다. 아무리 보기 좋아도 남의 것은 내 것이 될 수 없다. 숙고해서 받아들인 가치대로 살려 애쓰는 가운데 나는 나다워진다.

조직도 마찬가지다. 조직을 조직답게 하는 가치가 분명하지 않은 조직은 이미 죽은 조직이다. 자신이 죽었다는 사실조차 모르는 좀비처럼 영혼 없이 일하는 조직이 많다는 현실이 안타까울 따름이다. 영혼을 잃어버린 조직은 몇 가지 공통점이 있다.

우선 조직에 속한 사람들에게서 생기를 찾아보기 힘들다. 기회만 생기면 그 조직에서 떠나려는 사람들이 태반이다. 서로 일을 떠넘기려 할 뿐 책임지는 사람은 없다. 비난은 난무하나 칭찬은 인색하다. 공은 서로 차지하려 하고 과는 상대에게 넘기기 바쁘다.

슬프지만 죽은 조직이다. 좀비같이 그저 의미 없는 반복 작업을 끊임없이 수행할 뿐이다. 좀비에게 물리면 좀비가 된다. 좀비 조직에 있으면 죽지 않는 불사의 몸이 되나 영혼은 잃어버린다. 가치에 맞지 않는 일을 하는 조직에서 어떻게든 살아야 하기에 가치를 타협하며 서서히 죽어가는 사람들은 오늘도 내면의 소리를 잠재우며 고통 속에 신음한다.

한 풍자 만화가는 조직폭력배처럼 서로에게 총을 겨누고 있는 모습으로 2014년 마이크로소프트 내부 상황을 묘사했다. 내부 총질이나 해 대는 회사에서 직원들은 피로감과 불만으로 좀비처럼 변해갔다. 꿈을 안고 마이크로소프트에 입사한 직원들이 실제로 하는 일이란 고위직 비위나 맞추고 회의실에서 논쟁을 벌이는 것이 전부였다.

사티어 나델라는 회사가 병들었다고 진단한다. 2014년 전설적인 전임 CEO들의 뒤를 이어 사티어 나델라는 마이크로소프트의 3대 CEO로 취임한다. 취임 일성으로 나델라는 '히트 리플레시' 즉, 마이크로소프트는 이제 '새로고침' 버튼을 누를 때라고 주장한다.

'마이크로소프트가 세상에서 사라진다면 사람들은 무엇을 잃는가?' 나델라는 직원들에게 질문을 던진다. 우리는 무엇을 위해 존재하며 우리를 특별하게 만드는 조직의 영혼은 무엇인가? 나델라는 조직의 영혼을 되찾기 위해 근본적인 질문을 던진다.

"MS는 영혼을 되찾아야 한다."

나델라가 말하는 회사의 영혼은 '지극히 자연스럽게 다가오는 존재이자 내면의 소리'로 강요된 외부의 목소리가 아닌 내 안에서 거듭해서 울리는 참다운 가치를 말한다.

"마이크로소프트의 영혼은 개인뿐만 아니라 학교, 병원, 정부 기관, 비영리 단체 등 기관들이 무엇인가를 해낼 수 있도록 능력을 증진시키는 데 있다."

나델라는 '기술을 대중화하는 회사로서 마이크로소프트의 영혼을 되찾는' 작업을 자신의 사명으로 여기고 이 일을 10년 넘게 해오고 있다. 그렇게 지난 십여 년간 '리플레시' 버튼을 눌러 온 나델라가 이끄는 마이크로소프트는 혁신을 거듭하며 눈부신 성장을 이뤘다.

과거 미국의 대형 기술 주식을 일컫는 신조어 FAANG (페이스북·아마존·애플·넷플릭스·구글)에 마이크로소프트는 없었다. 현재 사티아 나델라가 이끄는 MS는 10년 사이에 시총이 열 배나 늘어 3조 달러, 원화로 약 4000조 원을 달성한 지 오래다.

MS는 2024년 상반기에 애플을 제치고 세계 시가 총액 1위를 탈환했다. 나델라가 이끄는 MS는 전방위적으로 영역을 확장하고 있다. 애플과 협업을 통해 MS오피스를 애플 제품에서도 쓸 수 있게 했다. 오픈소스 진영 최대 커뮤니티 이클립스 재단에 가입하는가 하면 리눅스 재단의 플래티넘 멤버가 되고 세계 최대 소스코드 저장소 깃허브를 인수하기도 했다. 윈도우 위주의 전략을 버리고 클라우드 사업으로 전환하고 챗GPT에도 투자해서 엄청난 성과를 내고 있다. 마이크로소프트는 다시 한번 혁신 기업으로 IT업계를 이끄는 핫한 기업으로 사랑받고 있다.

마이크로소프트의 예에서 확인할 수 있듯이 핵심가치에 따라 선택하고 미친 듯이 집중하며 압도적인 기세로 꿈을 향해 나아가게 만드는 영향력이야말로 리더십의 본질이다. 리더는 조직에 영감을 불어넣는 존재다. 생전에 어떤 공적인 직책도 없었던 간디는 인도 역사를 통틀어 가장 위대한 리더로 여전히 전 세계인의 존경을 받고 있다. 마하트마 간디는 위대한 영혼을 지닌 위대한 리더로서 당시 세계 최강이었던 자칭 대영 제국조차 아무런 공식 직함도 없는 간디를 함부로 할 수 없었다. 간디가 지닌 영혼의 힘은 그 어떤 정치 권력보다 힘이 셌다. 간디는 진심으로 사람들을 이끌었다. 인도의 민중들은 간디를 등불 삼아 인도의 오랜 꿈인 독립을 쟁취했다. 생각과 말과 행동이 일치했던 간디는 내면의 소리에 따라 움직였고 자신의 심장을 드려 오랜 시간 묵묵히 한 길을 걸었다.

간디가 걸어온 길이 바로 인도 독립의 역사다. 마치 백범 김구가 걸었던 길이 대한민국 독립의 역사인 것처럼 말이다. 일신의 안위를 생각하지 않고 오직 조국 독립을 바라던 간디와 백범 김구는 영혼으로 사람을 움직이는 진정한 영향력을 지닌 리더였다. 그래서 그들이 걸어온 길은 후대에도 가야 할 길이 된 것이다. 그 길에는 풀이 자랄 틈이 없다. 정도이기 때문에 내면의 소리를 알아차린 사람이라면 누구나 그 길에 들어선다. 한번 길을 낸 선구자들 덕분에 이제 그 길은 쉽지는 않으나 인생을 걸어 볼 만한 길이 되었다. 이것이 역사다. 아무나 걸어간다고 그게 역사가 되지는 않는다. 영혼을 일깨우는 가치 있는 기록이 한 나라의 역사다. 심장을 드려 한 길을 걸어간 사람들의 자취는 그 나라의 역사와 겹쳐진 길이 된다. 그 길은 흐려지는 법은 있어도 없어지진 않는다. 진, 선, 미 그리고 사랑의 길을 걸어간 사람들의 발자취는 그 어떤 독재자가 나타나 그 흔적을 지우려 해도 다시 발견되곤 한다.

나 다움

국수로 소문난 집이 있다. 부부가 운영하는 작은 가게다. 점심 무렵 식당 문을 열어 오후에 닫는다. 가게 문을 열고 일 년쯤 지났을 때 입소문을 타고 줄이 길게 늘어섰다. 삼십 분 정도 기다리던 줄은 이내 한 시간으로 늘어났다. 긴 줄은 더 많은 손님을 불러왔다.

장시간 기다린 손님들은 부부가 만든 서비스 음식을 받는다. 후한 인심과 맛있는 국수를 먹는다는 설렘에 손님들은 한 시간 줄 서는 것도 마다하지 않았다. 소소하게 식당을 운영하려던 부부는 처음 계획과 달리 근처에 가게 하나를 더 내기로 한다.

부부가 돌아가며 가게를 돌보니 가게 두 개는 너끈하게 돌아갔다. 한 시간 기다리던 줄이 두 가게로 분산되어 삼십 분으로 줄었다. 기다리는 시간이 줄자 손님들이 더 몰려왔다. 두 가게로도 손님이 넘쳐나서 한 시간 반은 예사로 기다려야 할 만큼 인기 많은 맛집이 됐다.

달리 해결책이 없어 가게를 세 개로 늘렸다. 부부가 돌아가며 돌보는 것도 한계가 있어서 믿을 만한 직원을 점장으로 세웠다. 틈틈이 세 번째 가게에 가서 면 상태나 국물 맛도 확인하고 새로 뽑힌 직원들 교육도 하며 부부는 분주한 나날을 보냈다.

부부가 운영하던 식당은 점점 커져 직원이 삼십 명이 넘는 제법 규모 있는 사업체가 됐다. 프랜차이즈 문의도 끊이지 않았다. 그렇게 삼 년째 되던 해에 밀물처럼 몰려오던 손님들이 언제 그랬냐는 듯이 썰물처럼 빠져나갔다. 서서히 가게 줄이 줄더니 점심 장사가 한창인 시간에도 빈자리가 드문드문 보이기 시작했다.

줄이 조금씩 줄어들기 시작한 건 장사를 시작하고 두 해정도 지나서다. 장사진을 이루던 가게 앞 풍경은 사라진 지 오래고 줄도 서다마다 했다. 반년쯤 그 상태로 버텨보다가 가게하나를 접었다.

그렇게 지점 네 개 중에 두 개를 정리하고 나서야 매출은 개선됐다. 그러는 동안 부부는 몸도 마음도 만신창이가 됐다. 하루가 멀다고 부부는 돌아가며 병원 신세를 진다. 맛나게 국수 먹는 사람들 보는 게 좋다던 부부는 이제 국수라면 신물이 난다며 가게 인수할 사람을 찾고 있다.

실제로 있는 가게는 아니다. 그렇다고 다 꾸며낸 얘기도 아니다. 컨설팅하면서 만난 분들 사연을 종합해서 만들어낸 가상 모델이다. 사연은 제각각인데 모아놓으니 공통분모가 보였다. 간혹 자영업을 하는 분들과 한자리에 모여 얘기를 나누다 보면 남의 얘기 같지 않은 모양인지 다들 연신 고개를 끄덕이며 한 마디씩 보태기 바쁘다.

세울 때는 한 세월이더니 무너질 때는 한순간이라던 어느 사장님 말씀이 귀에 쟁쟁하다. 음식만 만들 줄 알았지 경영은 남 일인 줄 알았다며 한탄하는 분도 있었다. 업종은 달라도 가게가 흥하고 망하는 패턴은 비슷하다. 소문이 나서 사람이 많이 찾아오면 직원과 매장을 늘린다. 세 개 매장까지는 그런대로 운영되다가 매장이 네 개로 늘고 직원이 서른 명이 넘어서는 순간 지옥이 찾아온다.

매장에 점장은 뽑아놨으나 전적으로 맡기기엔 미덥지 않아서 중요한 결정은 사장인 내가 다 한다. 지점은 본점 가까이 두어 제품과 서비스 질이 떨어지지 않도록 불철주야 점검한다. 어느 정도 형편이 나아지면 점장에게 믿고 맡기려고 했으나 아직은 불안하다.

지점을 방문할 때마다 뭔가 부족하다. 어쩌다 며칠 자리를 비우면 꼭 탈이 난다. 몇 달 챙겨 주다가 알아서 하도록 맡기려 했으나 여전히 곳간 열쇠는 사장인 내가 다 움켜쥐고 있다. 맡겨놓고 어딜 가 본 적도 제대로 쉬어 본 적도 없다.

이상 신호는 감지되었으나 그냥 무시하고 밀어붙인다. 물 들어올 때 노 젓느라 멈추지 않고 앞만 보고 달린다. 있는 돈 없는 돈 끌어모아 아득바득 매장을 늘려놓은 터라 반드시 성공해야 한다. 영혼까지 갈아 넣는 심정으로 일한다.

이쯤 되면 몸도 마음도 상한다. 본인만 모를 뿐 주변 사람들은 저러다 큰일 난다며 걱정한다. 말해봐야 소용없단 걸 아니 충고조차 하기 힘들다. 어렵게 장사하는 형편에 다들 힘내라고 한마디 보태진 못할망정 재를 뿌리고 싶지는 않은 거다.

뻔한 결론이 왜 당사자에게는 보이지 않는지 옆에서 지켜보는 사람 속이 더 탄다. 구경꾼 눈에는 뻔히 보이는 것이 바둑 두는 사람에게는 보이질 않으니 장고 끝에 악수를 둔다. 떨어져서 전체를 조망하면 훤히 보이는 것이 막상 바둑판에 돌을 집고 있으면 까막눈이 된다.

사업도 마찬가지다. 남의 사업 돌아가는 형편은 한눈에 들어온다. 정작 내 사업은 안 보인다. 자기 틀에 갇혀 있으니 그 틀을 벗어나 현재 돌아가는 시스템 전체를 조망하지 못한다. 시스템이 한계에 부딪혀 기능 저하가 일어난 상황을 분석해 내는 건 보통 고수가 아니면 흉내 내기조차 힘들다.

다년간 시행착오 학습을 통해 단련된 고수는 시스템 전체를 한눈에 조망할 뿐만 아니라 시스템의 한계와 악순환 포인트도 정확하게 짚어낸다. 경험을 통해 내적으로 누적된 암묵적인 지식이 직감으로 발현되어 시스템 원형에 문제를 대입하여 찾아낸다.

창업자들 대부분이 시스템으로 사업이 돌아간다는 사실조차 모른다. 원인과 결과가 눈에 보일 만큼 가까이 있다고 가정해 버려 바로 앞에 있는 원인처럼 보이는 증상 제거에만 사활을 건다. 맹장염 환자에게 해열제를 먹여 열만 떨어뜨려 놓는 꼴이다.

당장 해열제 덕분에 증상은 제거된다. 열이 떨어지니 문제도 해결된 것으로 착각하고 안심한다. 여기서 문제는 더 커진다. 열은 몸에서 보내는 일종의 신호다. 이 위험 신호를 알아차리고 문제의 근원을 파악해야 한다. 시끄럽다고 화재경보기를 차단해 버리면 불은 삽시간에 퍼져 생명까지 위험해진다.

의학에서 눈에 보이는 증상만을 처리하는 걸 대증요법이라고 한다. 부부가 운영하는 국숫집은 대증요법으로 사업상 문제를 풀어온 셈이다. 열을 떨어뜨려 증상을 없애듯 매장과 직원을 늘려 늘어난 손님들을 수용하는 일에만 온 신경을 집중했다. 그러는 동안 정작 장사를 시작한 본래 목적은 상실했다.

맹장이 터져 사람이 죽어가듯 국숫집은 방향을 잃었다. 둑이 갈라져 여기저기서 물이 샌다. 큰 돌 작은 돌 손에 잡히는 대로 열심히 틈을 메워보지만 역부족이다. 갈라진 틈 사이로 쉼 없이 물이 흘러내려 댐은 무너지기 일보 직전이다.

전체 시스템을 돌아보고 원인을 규명하지 않는 이상 둑은 무너진다. 시간을 지체할수록 위험만 커진다. 시스템에 균열이 생긴 원인을 찾아내야 한다. 각종 자격시험을 준비하는 사람들이 필수로 작성하는 노트가 있다.

이름하여 오답 노트다. 기출 문제를 풀다 보면 반복해서 틀리는 문제 유형이 있다. 이것을 정리해서 확인하고 반복해서 풀어본다. 국가자격시험은 보통 기출 문제가 공개된다. 상당수 문제는 이전 출제 유형과 유사하다. 공개된 기출문제만 제대로 풀어도 합격 가능성은 올라간다.

말은 쉽다. 막상 시험을 준비해 보면 슬픈 예감은 틀린 적이 없으나 틀린 문제는 또 틀린다. 해법은 간단하다. 이번에 틀린 문제를 다음에는 안 틀리면 된다. 그러려면 오답 노트를 정리하는 게 필수다. 희한한 것이 둘 중에 하나라고 헷갈렸던 문제조차도 찍어서 맞추는 법이 거의 없다. 항상 오답을 고른다. 문제 접근 방식 자체가 잘못됐기 때문이다. 비슷한 유형의 문제에서 계속 오답이 나온다면 접근 방식 자체를 바꿔야 한다.

오답 노트를 작성하고 문제를 달리 접근해서 해법이 생

기면 다음부터 정답률은 급격히 올라간다. 문제 유형 자체에 대한 자신감이 붙어 고사장에서 비슷한 문제가 나오면 직관적으로 답이 나오기도 한다.

처음부터 만점 맞는 사람은 없다. 일단 한번 풀어보고 내가 모르는 게 무엇이며 자주 부딪히는 문제는 무엇인지 파악한다. 그렇게 오답 노트를 작성하고 그 유형 풀이에 집중할 때 해법이 생긴다.

아이가 기다가 서서 뛰는 과정은 단숨에 일어나지 않는다. 기던 아이가 벽을 짚고 선다. 능숙하게 기는 건 되는데 벽을 짚고 서는 건 서투르다. 기어코 벽까지 기어간 아이는 몇 번을 미끄러져 내리며 벽을 짚고 일어선다.

아이는 두 팔로 벽을 지탱하고 옆으로 이동한다. 이 단순한 동작을 하면서도 몇 번을 넘어진다. 다시 일어선 아이는 좌우로 이동하다 벽에서 손을 뗀다. 한 걸음 두 걸음 가다가 또 주저앉는다. 울지 말지 눈치를 보다가 다시 일어서 걷는다. 부모는 조금 떨어진 곳에서 두 팔을 벌려 아이를 맞이한다. 자신의 힘으로 몇 걸음 걸어온 아이는 부모의 품에 안긴다.

단순해 보이는 과정이 뜯어보면 복잡한 성장 피드백 시

스템으로 구성되어 있어 놀랍다. 아이는 실패와 실수를 거듭하는 과정에서 얻은 정보와 지식을 활용하여 어려운 동작도 거뜬히 해낸다. 전체 과정에 대한 이해와 동작이 제대로 이뤄지는 것에 대한 <u>원형적 감각</u>이 없다면 해낼 수 없는 일이다.

기고 걷고 뛰는 동작은 환경과 상호작용하며 받아들인 감각 정보를 활용하여 신체를 조절하는 엄청난 능력으로 구현된다. 유기체는 매 순간 환경과 상호작용하며 적절하게 생체반응을 조절하여 생명을 유지한다. 사회도, 조직도, 팀도 자극에 따른 반응을 적절히 조절해 생명을 유지하는 유기체와 같다.

자극을 무작정 수용하는 유기체는 병들어 죽는다. 개인이나 조직도 마찬가지다. 나쁜 것은 걸러내고 좋은 것은 받아들이는 적절한 막이 있어야 한다. 시스템은 이런 막에 의해 보호된다. <u>자극과 반응 사이에서 핵심가치는 이런 거름막 역할을 한다.</u>

거름막이 약한 개인은 귀가 얇다. 자신의 주장에 확신이 없고 다른 사람이 내놓은 의견에 휩쓸리기 쉽다. 내면의 소리는 외면하면서 외부의 소리에는 민감하다. 여기저기서 들어오는 외부 민원 위주로 삶을 꾸리다 보면 정작 그 누구도 만족시키지 못하는 악순환 패턴에 접어든다.

기준이 오락가락하면 자신 있게 결정하기 어렵다. 거름막 역할을 하는 핵심가치가 제대로 정리되어 있으면 선택과 결정도 선명해진다. 같이 일하는 사람들도 차츰 그 사람이 어떤 기준으로 판단하고 결정하는지 알게 되어 갈등도 줄어든다.

한결같은 가치 기준으로 선택하고 결정하면 믿음이 생긴다. 한 입으로 두말하지 않고 일관된 결정을 내리면 사람이 따른다. 깊이 생각하고 말에 실천이 따르는 사람은 따로 공적인 역할이 없어도 주변에 영향을 고루 미친다.

가로와 세로 각각 19개 줄 361개의 점으로 구성된 바둑은 흰 돌과 검은 돌로 무한한 수가 펼쳐지는 인생의 축소판이다. 바둑에서 중요한 것은 복기다. 돌을 하나둘 복기해가는 과정을 통해 바둑판이 한눈에 들어온다. 그리고 수를 읽는다. 악보로 치면 돌은 음표이고 수는 테마다.

웹툰 '미생'에는 장그래란 인물이 나온다. 프로 바둑 기사가 되기 위해 청소년기를 다 보낸 장그래는 프로 바둑 기사시험에서 떨어진다. 그 후 장그래는 아버지 지인의 도움으로 무역회사에 입사한다. 이제까지 바둑밖에 모르고 살았던 장그래에게 회사는 전혀 다른 세상이다. 어느 날, 같은 시기 인턴으로 입사한 안영희와 장그래는 베테랑 선 차장과 회식을 하게 된다.

회식 자리에서 선 차장은 안영희와 장그래에게 기획서를 쓰는 이유를 묻는다. 이런저런 답이 오간다. 답을 듣던 선 차장은 이렇게 되묻는다. '그렇다면 왜 대부분의 기획서는 제대로 검토조차 되지 않고 쓰레기통으로 가는가?' 선 차장은 한참 후배인 안영희와 장그래에게 이렇게 말한다. 대부분 기획서가 쓰레기통으로 가는 이유는 기획서를 쓰기 위해 썼기 때문이다.

나 자신조차 설득되지 않은 채 위에서 쓰라고 해서 쓴 기획서로는 다른 사람을 설득할 수 없다. 장그래는 선 차장의 말을 듣고 바둑 수련하던 때를 떠 올린다. 진 판세를 복기하던 장그래에게 스승은 묻는다.

"왜 그 수를 거기에 두었느냐?"

제자는 아무 말도 못 한다. 재차 묻자 그냥 두었다고 한다. 스승은 그냥 두는 수는 없다며 장그래를 나무란다. 프로 바둑 기사들은 승부가 끝난 후 하나도 빠짐없이 바둑돌을 복기해 낸다. 바둑판을 가득 덮고 있던 돌을 하나도 빠뜨리지 않고 복기하는 프로바둑기사의 모습은 놀랍고 신기하다. 남다른 기억력을 지닌 것은 아닌지 싶으나 실상은 한 수 한 수 고심해서 놓은 탓에 잊으려야 잊을 수가 없는 것이다.

거기 그 돌을 두었다면 그렇게 둔 이유가 있어야 한다. 바둑의 프로는 그렇게 수를 둔다. 프로 바둑 기사에게 배워야 할 점은 이것이다. 한 수도 허투루 두지 않고 심사숙고한 끝에 거기에 그걸 두어야 하는 이유를 찾아서 둔 바둑은 그냥 둔 바둑과는 차원이 다르다. 깊이 생각하고 수를 내서 둔 돌은 마치 핵심가치와 같다. 우리가 어떤 일을 한다면 거기에는 이유가 있어야 한다. 일하는 과정에서 내리는 무수한 선택과 결정은 핵심가치에 근거한다. 이런 식으로 일하다 보면 핵심가치는 더욱 선명해지고 같이 일하는 사람들은 자신감이 붙는다.

설사 몇 번의 대국에서 진다고 하더라고 결국은 판을 읽는 능력이 향상되고 시행착오를 통해 수를 읽게 되어 실력은 일취월장 향상된다. 이것이 바로 핵심가치를 따라 일을 해야 하는 이유다.

바른 자세는 찾지 못한 채 동작만 반복해서는 운동 실력이 늘지 않는다. 자신에게 맞는 바른 자세를 찾아야 한다. 그래서 코치가 필요하다. 아무리 세계 랭킹 1위인 선수라 할지라도 코치 없이는 선수 생명을 오래 유지하기 힘들다. 우리 안에는 내면의 코치가 있다. 이것이 바로 핵심가치다. 우리 내면의 소리를 따라가면 우리는 마침내 우리가 꿈꾸던 미래에 가 있을 것이다.

내면의 코치

연전연승하던 권투선수는 단 한 번의 KO패로 링을 떠난다. 이제 그는 영혼 없이 살아간다. 하루하루 그저 연명할 뿐 목표 따위는 잃어버린 지 오래다. TV에서 권투 시합이 나오면 채널을 돌려 버린다.

글러브는 좀먹은 채 바닥에 나뒹굴고 받침대가 부서진 챔피언 트로피는 패배한 자신처럼 드러누워 있다. 옛 동료가 찾아와 그에게 다시 링으로 돌아올 때라고 말한다. 너는 챔피언이라고 그것이 너의 운명이라고 소리친다.

주인공은 화를 내며 친구에게 어퍼컷을 날린다. 다시 그 따위 소리를 하려면 내 눈앞 나타나지 말라며 눈을 부라리며 친구를 밖으로 내친다. 얼마 뒤 주인공을 대신해 링에 올라간 친구는 링에서 죽음을 맞이한다.

자신의 가치를 알아주던 친구는 이제 먼 길을 떠났다. 끝까지 그는 주인공을 믿었고 링에서 빛나던 그의 명예를 지키려 했다. 친구는 그에게 글러브를 남겼다.

친구의 무덤에서 주인공은 오열한다. 무덤의 풀을 움켜쥐며 주인공은 반드시 챔피언 벨트를 가져오겠노라 맹세한다. 그는 달라졌다. 챔피언이 되어야 했기에 챔피언에 걸맞은 삶을 산다. 새벽같이 일어난 그는 계단을 오르고 내린다.

자존심을 버리고 구걸하듯 스파링 상대를 찾아 나선다. 넘어지고 일어서기를 반복한다. 조롱에도 굽히지 않는다. 예전에는 거들떠보지도 않던 상대에게 한 수 배우려 한다. 조롱하고 시비를 걸던 상대도 주인공의 진심을 알아차리고 돕기 시작한다.

주인공 주변에 사람들이 모여든다. 그들은 주인공의 맹세를 알고 있다. 이제 그들은 주인공의 이야기에 동참한다. 주인공은 다시 링에 오른다. 생각처럼 경기가 풀리지 않았지만 쓰러져도 그는 다시 일어선다.

주인공에게 야유하며 조롱하던 사람들도 어느새 그를 응원한다. 눈덩이는 부풀어 오르고 상처에서 피가 나는 주인공에게 코치는 그만두라며 수건을 던지겠다고 손짓한다. 주인공은 고개를 흔든다. 한 번만 믿어달라는 눈빛을 보낸다.

주인공은 12라운드를 끝까지 버틴다. 질 게 뻔한 경기였지만 그 누구도 경기장을 벗어나지 않는다. 링에는 투혼이 불타오른다. 가드를 올릴 힘조차 없어진 상대는 어서 경기가 끝나기를 바라는 눈치다.

주인공은 가드를 올리고 상대에게 다가선다. 마지막 한 방! 온 힘을 다해 뻗은 펀치에 상대가 녹다운된다. 레프리가 마지막 카운트를 외치고 주인공 손을 들어 올린다. 되찾은 챔피언 벨트를 들고 링 한가운데 선 주인공에게 사람들은 환호를 보낸다. 왕의 귀환에 호산나를 외치던 그 날의 백성들처럼 사람들은 링에 돌아온 챔피언에게 경기장이 떠나가라 박수를 보낸다.

불후의 명작 로키를 떠올릴지도 모르겠다. 너무도 뻔해서 어떤 영화를 떠올릴 필요조차 느끼지 못했을 수도 있다. 맞다! 뻔하다. 누구나 떠올릴 수 있는 뻔하디뻔한 이야기다. 그래서 단숨에 썼다. 마치 이전부터 내 안에 숨어 있던 이야기를 끄집어내는 것처럼 술술 써 내려갔다.

챔피언 이야기는 신화학자 조지 캠벨이나 심리학자 융이 말한 원형적 이야기에 가깝다. 이런 이야기에는 추락한 주인공이 등장한다. 어떤 이유에서든 그는 자신의 정체성 혹은 지위나 능력을 잃어버리고 바닥까지 내려간다.

그러다 영혼에 다시 불을 붙여줄 누군가를 만난다. 멘토일 수도 있고 친구일 수도 있고 심지어 적일 수도 있다. 주인공은 내면의 소리를 듣는다. 사실은 쭉 내면에서 울리던 소리였으나 애써 누르고 외면했던 그 부름에 응답한다.

아니나 다를까 부르심에는 고난이 따른다. 마치 단테가 숲에서 길을 잃고 멘토 베르길리우스를 만나 처음 여행한 곳이 지옥인 것처럼 부르심의 첫 관문은 늘 그렇듯이 고생길이다. 이야기를 어느 정도 접해 본 사람은 주인공이 지금 겪는 일이 훗날 주인공을 살리는 치트키*가 될 것을 알고 있다.

한 치 앞도 내다보지 못하는 주인공은 눈앞에 닥친 고난에 좌절하여 왔던 길을 거슬러 올라가고 싶은 마음만 굴뚝같다. 나를 키운 건 팔 할이 바람이라고 어느 시인은 노래했다. 고난은 주인공을 주인공답게 만든다.

갖은 일을 다 겪은 주인공은 자기도 모르는 사이 마음 근육이 단련된다. 능숙하게 자기 마음을 다스리며 주변 사람들을 끌어당긴다. 여정 초입에는 세상 건방지고 밉상이던 주인공은 어느새 함께 길을 가고 싶은 매력적인 인물로 변모한다.

마침내 주인공은 왕좌에 오르거나 챔피언이 되거나 꿈을 성취하거나 사랑하는 사람을 만난다. 끝내 목적은 이루어진다. 그뿐만이 아니다. 줄거리를 따라잡은 모든 이들은 알아차릴 수 있듯이 주인공은 이미 큰 선물을 받았다. 이야기 끝에 주인공은 환경에 지배를 받는 것이 아니라 환경을 변화시키는 영향력 있는 인물로 변신한다.

---

*치트키(Cheat Key)는 본래 비디오 게임 용어다. 특정 명령이나 키 조합을 입력하여 특별한 플레이 능력이나 보너스를 얻게 되는 기능이다.

걸리적거리며 아무짝에도 쓸모없다는 소리를 듣던 주인 공은 누구나 의지할만한 친구이자 폭넓은 영향력을 지닌 인물이 된다. 지금 당장 흥행한 영화, 드라마, 애니메이션을 찾아보라. 이런 이야기는 끊임없이 반복된다. 우리 영혼이 간직한 원형적 이야기라서 그렇다.

고난 속 성장

김휴는 삼십대 중반에 임원에 오른 입지전적 인물이다. 초중고는 물론 대학까지 수석으로 졸업한 인재다. 일머리 좋은 휴는 대기업에 입사한 후 얼마 안 되어 직속 팀장 눈에 든다. 회사를 나와 창업한 팀장은 휴를 영입한다. 신생 기업은 나날이 성장했고 휴도 고속 승진을 거듭해서 최연소 임원 자리까지 차지한다.

문제는 휴가 임원이 된 후에 일어났다. 경쟁적이고 단기 성과 위주로 일을 처리해 오던 휴는 겉보기에는 일 잘하고 성실한 인재였으나 같이 일하는 사람들에게는 가혹한 상사였다.

그런 휴로 인해 하나둘 회사를 떠나는 사람이 생겨났다.

이사회가 소집됐고 휴의 거취를 논의한 끝에 권고사직 결정이 내려진다. 청천벽력 같은 소식을 듣고 난 후 설사가 시작되어 멈추지 않는다. 고통스러워 내과를 찾았지만 별다른 문제를 발견하지 못한 채 휴는 정신과로 의뢰된다.

이때 정신분석가 이무석 박사를 만난다. 전이 분석을 통해 이박사는 휴를 치료한다. 별다른 일 없이 치료가 진행되다가 아내 병간호를 위해 이 박사가 휴가를 내면서 치료는 극적인 전환점을 맞는다. 제대로 된 설명조차 안 하고 휴가 간 이박사에게 휴는 버림받은 감정을 느낀다.

이른바 분리불안을 경험하고 난 휴는 아버지와 관계에서 이 감정이 비롯된 것임을 깨닫는다. 이런 내적 통찰을 얻은 휴는 극적으로 변화된다. 인정 감옥을 나와 자유를 얻는다. 이 과정이 드라마틱하게 그려진 작품이 이무석 박사의 '30년 만의 휴식'이다.

휴가 겪은 일은 어쩌면 지금도 어느 직장이나 조직에서 반복되고 있는지도 모른다. 몸은 훌쩍 커서 어른이 됐으나 마음은 아직도 어린아이와 같아 불안을 스스로 달랠 줄 모르고 폭발해 버리는 성인 아이 같은 모습은 휴의 이야기만은 아닐 것이다.

"지금 어디 있는가?"

환자에게 이무석 박사는 질문한다. 심리적 감옥에 갇혀 있는 사람은 자신이 감옥에서 사는 줄도 모른다. 때때로 주어지는 인정이란 보상에 취해 굳이 감옥을 나가려는 시도조차 하지 않는다. 몸은 자라 어른이나 마음은 아이로 머물러 있다.

심리적 현실은 무방비 상태로 밖으로 내쳐질지도 모른다는 두려움에 떨고 있는 무력한 아이에 불과하다. 공포로 굳어버린 아이는 감옥 밖 세상이 있다는 사실조차 잊었다. 갇혀 있는 아이에게 질문은 심리적 감옥에 창을 내고 햇살을 비춘다. 아이는 질문이란 창을 통해 감옥 넘어 다른 세상을 본다.

멈춰서기

칠 년 전 죽은 친구 마리가 스크루지를 찾아온다. 함께 사업을 하다가 갑자기 죽음을 맞이한 친구는 발목에 쇠사슬을 찬 유령의 모습으로 옛 친구를 찾아와 아직 너에게는 기회가 있으니 나처럼 되지 말라며 울부짖는다.

찰스 디킨스의 소설 '크리스마스 캐럴'의 한 장면이다. 믿을 수 없는 장면을 목격하고 스쿠르지는 자신이 꿈을 꾸고 있다고 생각하고 잡생각을 떨쳐 버리려 한다. 시간이 지나고 친구 마리가 일러준 대로 시계가 한시를 가르치자 종이 울리며 유령이 나타난다.

그렇게 스쿠루지는 과거, 현재, 미래의 유령을 만나 시간 여행을 한다. 이 극적인 과정은 정신분석을 닮았다. 아직은 물리적으로 시간 여행을 할 방법이 없다. 하지만 심리적으로는 시간 여행이 가능하다.

파우치에 누워 심리적인 시간 여행을 하는 것이 바로 정신분석이다. 30년 만에 휴식을 누린 휴가 이무석 박사를 통해 경험한 것이 정신분석을 통한 시간 여행이다. 정신분석에서는 자유연상을 한다. 물론 꿈을 해석하기도 한다.

상담을 받거나 정신분석을 받는 사람들은 무의식이 활성화되어 평소보다 잦은 꿈을 꾼다. 이성으로는 받아들이기 어려운 내용이기에 평소라면 눌러 놓았을 희한한 장면들이 여과 없이 마음속 TV에 송출된다.

정신분석가에게 이 내용을 있는 그대로 전하는 동안 그 상징들이 해석된다. 이 과정을 통해 이제까지 자신의 행동이 무의식적 욕구에 지배를 받아왔다는 사실을 알아차리게 된다. 이것이 무의식의 의식화를 주창한 프로이트의 정신분석 치료다.

이성으로는 도저히 받아들일 수 없는 욕구를 인간은 저만큼 깊숙한 곳에 숨겨둔다. 보이지 않고 들키지 않게 봉인해놓은 욕구는 없는 것처럼 느껴질 뿐 일상에서 강력한 영향력을 발휘한다. 자신만 모를 뿐 사람은 각자 무의식에 지배받는 반복되는 행동을 하게 마련이다.

무의식적으로 반복해서 그런 행동을 하게 되니 주변 사람들은 불편함에 그 사람을 피하고 거리를 둔다. 이런 결과가 쌓이다 보면 당사자도 뭔가 짐작은 하나 딱히 말해주는 사람이 없으니 무엇 때문에 사람들이 자신을 피하는지 몰라 속상하고 답답한 마음만 늘어간다.

그러다 마음에 병이 생긴다. 심리적인 문제는 신체에도 증상을 불러일으켜 복통이나 흉통이 생긴다. 흔히 신경을 쓰면 장이 꼬인다는 말을 한다. 일리 있는 말이다. 사람이 불안을 느껴 편도체가 활성화되면 공격-회피 반응을 일으켜 심장이 빠르게 뛰면서 혈액량을 늘리고 근육을 팽창시킨다.

위험 요소에 맞서거나 도망가기 위한 비상조치를 취하는 것이다. 이때 에너지를 최대한 효율적으로 쓰기 위해 장에 있는 음식물을 밑으로 밀어 내리고 장운동은 멈춘다. 휴가 설사를 한 이유도 여기에 있다. 갑작스러운 권고사직 소식을 듣고 편도체가 활성화되어 자율신경계가 반응을 일으켜 장운동에 이상이 생긴 것이다.

뜻하지 않게 인생이 멈출 때가 있다. 김휴는 실패 없이 살다가 권고사직을 당하고 나서야 멈춰 섰다. 하루도 쉼 없이 살아가던 스크루지는 어쩔 수 없이 크리스마스 연휴를 맞이해서 쉬게 된다. 뜻했던 바는 아니지만 삶을 돌아볼 여지가 생긴 것이다.

두려움은 쉼을 앗아간다. 쉬고 있으면 실패감이 슬슬 올라오며 걷잡을 수 없는 두려움에 사로잡히기 때문이다. 바쁘게 움직이다 보면 그런 생각을 잠시나마 떨쳐 버릴 수 있어서인지 현대인은 이유 없는 분주함에 시달린다.

사랑받을 가치가 없는 존재일지도 모른다는 두려움, 내가 쓸모없을지도 모른다는 두려움, 버림받거나 외면받을 거란 두려움이 무작정 힘을 추구하도록 부추긴다. 힘을 갖고 쓸모 있는 존재가 되면 그런 두려움에서 벗어날 거라 환상에 빠져 미친 듯이 일에 몰두한다.

원하는 관심과 기회가 주어져 한동안은 두려움에서 벗어나기도 한다. 적어도 사람들이 나를 무시하지 않는다는 안심이 들기도 한다. 그런 느낌을 추구하며 더욱 힘을 키우고 안전망을 구축하고 위험 요소를 제거하기 위해 몸부림친다.

쉴 틈이 없다. '바쁘다'란 말을 달고 산다. 막상 아이들이 크는 모습도 못 보고 이야기를 나눠 본 적도 없다. 가족을 위해 희생한 줄 알았던 삶이 분주한 도망자 신세와 다를 바 없었다는 걸 황혼 무렵에야 깨닫는다.

멈추어야 볼 수 있다. 놀랍게도 몸은 영혼의 소리를 알아듣고 멈춘다. 갑자기 찾아온 시련에 절망하나 그것이 죽을 길이 아니라 살길임을 머지않아 깨닫는다. 그때 멈추지 않았다면 지금 같은 삶을 살지는 못했을 것이란 고백은 그래서 꾸준히 이어진다.

직을 잃은 휴는 멈췄다. 몸이 말을 안 듣자 휴는 도와줄 사람을 찾았다. 아마도 꽤 긴 시간 몸과 마음에서는 신호를 보냈을 것이다. 애써 외면했던 사람은 김휴 자신이었다. 스크루지에게도 그동안 많은 신호가 있었을 것이다. 그걸 흘려보낸 사람은 다름 아닌 스크루지 본인이다.

과거로 시간 여행을 떠난 스크루지는 가난하여 홀로 남겨진 아이를 애처로운 눈으로 바라본다. 그 아이는 어엿한 청년이 되어 자신을 아껴주는 스승을 만나고 사랑하는 여인을 만났지만, 결핍 욕구에 시달리며 물질을 채우는 데 급급하여 사람들을 떠나보낸다.

현재로 여행을 떠난 스크루지는 돈을 아끼려 제대로 봉급을 주지 않은 사무원의 집을 방문한다. 그는 부당한 대우를 받으면서도 스크루지를 위해 기도한다. 병들어 죽어가는 아이에게 약조차 사 줄 수 없었던 사무원은 아이가 죽어가는 걸 지켜 보고 있을 수밖에 없었다. 스크루지는 아이가 죽어서는 안 된다며 오열한다.

미래로 여행을 떠난 스크루지는 죽어 있는 누군가를 발견한다. 망자의 곁에는 아무도 없다. 쓸쓸한 죽음이다. 더욱 비참한 사실은 주변 사람들이 커튼이며 옷이며 침대보까지 싹 훔쳐다 팔며 살아생전에는 일전 한 푼 보태주지 않더니 죽어서 이렇게 도움이 된다며 희희낙락거리는 모습을 본 것이다.

홀로 남겨졌으나 무시당하지 않고 어떻게든 잘살아 보려고 애써 왔던 지난날이 덧없게 느껴지며 스크루지는 자신의 미래를 부정한다. 저건 내가 아닐 거라는 외침은 아니었으면 한다는 절규로 변한다.

관점의 변화

헬라어 '메타노이아(Metanoia)'는 180도 방향전환을 뜻한다. '종교적 회심'으로 신학적 의미를 담고 있기도 한 '메타노이아' 는 경영학에서는 세계관의 변화 혹은 패러다임의 변화를 말하기도 한다. 내부 총질이나 해대며 고위층 비우나 맞추고 회의 테이블에 둘러앉아 논쟁이나 일삼던 마이크로소프트는 영혼을 잃어버렸다. 스크루지나 김휴처럼 조직도 영혼을 잃어버릴 수 있다. 차갑게 식어버린 피부와 초점을 잃은 눈빛 그리고 무리 지어 빛과 소리를 쫓아 공격하는 습성은 수많은 영화에서 변주되는 좀비의 특성이다. 영혼을 잃어버린 개인이나 조직은 좀비로 변한다.

영혼은 잃어버린 채 힘 그 자체만을 추구한다. 좀비는 힘이 있기에 움직인다. 에너지원이 무엇인지 딱히 알 수는 없으나 인간을 공격해서 식량으로 삼는다는 설정이 대부분이다. 그들은 에너지원을 얻기 위해 공격하고 움직인다.

영혼을 잃어버린 채 거리를 배회하는 좀비는 공포 그 자체다. 조직이 영혼을 잃어버리면 무기가 따로 없다. 수많은 사람의 삶이 망가진다. 본래 회사는 빵을 같이 나눠 먹는 사람들을 뜻한다. '회사(company)는 라틴어 'cum(함께)'과 'panis(빵)'가 합해져 만들어진 단어다. 함께 빵을 나눠 먹는 공동체가 회사다. 이런 회사의 본디 의미를 잃어버리면 그것은 사람을 해치는 무기가 된다. 회사는 영혼을 되찾아야 한다. 마이크로소프트뿐만이 아니다. 모든 조직은 영혼을 되찾아야 한다.

우리는 이 과정을 '메타노이아(Metanoia)'라 한다. 좀비에서 영혼을 되찾아 빵을 함께 나눠 먹는 공동체로서 회복되는 과정이 '메타노이아'다. 아놀드 토인비에 의하면 사도바울이 '와서 도우라'는 마케도니아인의 환상을 보고 빌립보 성에 간 일은 서구 사회를 영원히 바꿔 놓은 세계사에 길이 남을 역사적 사건이다.

사도바울은 종교적인 인물이자 세계사적 인물이다. 그는 본래 예수를 핍박하던 독실한 유대교인이었다. 가말리엘이라는 위대한 랍비의 제자였을 뿐만 아니라 율법을 철저하게 준수하는 바리새인이었다. 그는 예수를 추종하는 이단들을 잡아 죽이는 일을 일생일대의 사명으로 추구하며 사는 철저한 유대교 근본주의자였다.

그런 그가 예수 믿는 자들을 잡아 죽이기 위해 가던 다마스쿠스 길 위에서 부활한 예수를 만난다. 빛이 비치자 바울은 눈이 먼다. 사람들의 손에 이끌려 직가라 하는 거리로 간 바울은 아나니아에게 안수를 받자 눈에서 비늘 같은 것이 벗어지며 다시 보게 된다.

여기서 눈여겨봐야 할 대목이 있다. '눈에서 비늘 같은 것이 벗어졌다.' 패러다임의 전환, 세계관의 변화다. 그는 이제 달라진 세상을 본다. 유대라는 좁은 틀로 바라보던 시각이 전 세계 온 인류를 향한 그리스도의 사랑이라는 광대한 시야로 변화된다. 이것이 메타노이아다.

세계관이 변화된 바울은 자신이 핍박하던 예수를 전한다. 사람들은 예수를 핍박하던 자가 도리어 그 예수를 전한다는 소식을 듣고 놀란다. 바울은 죽이는 자에서 살리는 자로 변모한다. 유대 민족이라는 좁은 틀을 벗어나 천하 만민을 마음에 품은 세계 시민이 된다. 이런 바울에게는 작금의 개신교단이 갖는 편협함이란 자리 잡을 틈이 없다.

사도바울은 가는 곳마다 교회를 세웠으나 그 교회를 사유화하지 않았다. 철저히 현지 지도자들을 키우고 편지를 보내 그들이 겪는 어려움에 답해 주고 멘토 역할을 끝까지 감당한다. 교회에서 봉급을 받거나 선교단체를 세워 월급을 받지도 않았다. 텐트 메이커로서 함께 하는 이들과 일해서 먹고 살았다.

바울의 글 어디에도 성과 속을 나누고 육과 영을 나누는 이분법이란 존재하지 않는다. 훗날 그런 이분법 속에 갇혀 자신을 정당화하기 위해 바울의 글을 이용한 자들에 의해 바울의 편지글이 오용되고 있는 점이 가슴 아프다.

전 인류가 진, 선, 미를 추구한다. 고등종교라고 말하는 종교에는 진선미라는 위대한 가치가 녹아 있다. 바울은 믿음, 소망, 사랑이라는 가톨릭에서 말하는 대신덕을 앞세운다. 지금 이 시대를 살아가는 사람들도 붙들고 살아볼 만한 위대한 가치들이다.

진리와 선함과 아름다움을 추구하는 삶은 얼마나 풍요로운가. 믿음이 있고 소망이 있고 사랑이 있는 삶은 또 얼마나 위대한가. 종교도 잃어버린 영혼을 찾아야 한다. 선각자들이 추구한 그 본령을 되찾아야 한다. MS의 수장 사티어 나델라의 말은 그래서 곱씹어 볼 만하다.

"마이크로소프트의 영혼은 개인뿐만 아니라 학교, 병원, 정부 기관, 비영리 단체 등 기관들이 무엇인가를 해낼 수 있도록 능력을 증진시키는 데 있다."

물고기를 주는 게 아닌 물고기 잡는 능력을 길러주는 '임파워먼트(Empowerment)'야말로 MS의 영혼이다. 제국은 물고기 잡는 법을 가르쳐 주지 않는다. 그들은 철저히 제국에 식민지가 종속되도록 시스템을 만든다. 일하면 일할수록 더욱 가난해지는 작금의 현실은 오랜 역사를 지닌 제국주의가 빚어낸 산물 그 더도 덜도 아니다.

나델라는 MS윈도우10 발매 기념 프레젠테이션을 수만 명을 모아 실리콘밸리에서 진행하지 않았다. 오히려 그는 오지에서 MS 소프트웨어를 통해 농사짓는 능력을 끌어올린 농부들을 찾아간다. 나델라는 영혼을 회복시키는 리더다. MS가 회심하여 영혼을 되찾도록 만든 위대한 리더다.

달인이 된 사람들

가족치료에서는 가족을 모빌에 비유한다. 예술가 집안에서 태어난 알렉산더 칼더는 공학을 전공했다. 엔지니어 출신 칼더는 흔히 예술 작품을 전시하려고 설치하는 좌대를 없애고 작품을 전시할 방법을 고민한다. 궁리 끝에 칼더는 작품 제작에 가벼운 소재를 쓰고 철사와 실을 이용해 작품을 천장에 매단다. 움직이는 작품은 시시각각 형태가 변했다. 키네틱 아트의 시작이다. 움직이는 예술인 모빌은 이렇게 칼더의 손에서 탄생했다.

무대에 모빌을 들고 올라갔다. 손에 든 모빌을 살짝 흔들며 이야기를 시작했다. "가족치료에서는 가족을 모빌에 비유한다. 이 모빌과 같이 가족도 한쪽 끝을 흔들면 전체가 흔들린다." 이제 사람들은 모빌을 가만히 응시한다.

무대로 내려와 한 사람에게 다가섰다. 빤히 나를 쳐다보는 리더에게 이 모빌 끝을 살짝 흔들어 달라고 했다. 손가락으로 가볍게 한쪽 끝을 튕기자 모빌 전체가 우아하게 흔들렸다. 이 모습이 바로 가족이라고 얘기하자 사람들은 고개를 끄떡였다.

가족은 유기체에 가깝다. 발에 이상이 생기면 몸 전체가 곤란을 겪는다. 한 쪽에 이상이 생기면 다른 한 쪽도 영향을 받는다. 스트레스를 받고 체력이 떨어지면 몸에서 가장 약한 부분부터 탈이 난다.

무리하면 나는 잇몸이 붓고 피가 나고 염증이 생긴다. 피로가 누적되면 몸에서 가장 약한 부분에서 먼저 신호를 보낸다. 이때 알아차리고 쉬면 회복된다. 생태 시스템이 피드백을 주고받으며 필요한 것들을 보충하여 제 기능을 회복하도록 신호를 보내는 것이다. 일련의 과정들은 우리 눈에 보이지 않을 뿐 몸이라는 소우주에서 날마다 벌어지는 일이다.

생체 시스템이 제대로 작동한 덕분에 우리 몸은 생명을 유지한다. 날마다 일어나는 몸의 변화를 알아차리고 생체 시스템이 적절히 대응하기 때문에 우리는 오늘도 일상을 산다. 생체 시스템에 중대한 문제가 생겼을 때 우리는 병원을 찾는다.

아무리 명의라도 생체 시스템 자체를 새로 만들어 낼 수는 없다. 시스템이 다시 회복되도록 도울 뿐이다. 2형 당뇨 진단을 받고 나는 오랫동안 약 복용을 해 왔다. 처음에는 주치의 조언에 따라 당을 급격히 올리는 음식은 피하고 탄수화물 섭취도 줄이고 채식 위주로 식단을 짜는 등 식습관을 바꿔 나갔다.

악착같이 노력한 덕에 몸무게도 줄고 당 수치도 개선됐다. 그러던 어느 날 약을 먹고 어느 정도 주의만 기울이면 별다른 문제가 없는 걸 확인하고 식습관이 예전으로 돌아가 버렸다. 별생각 없이 탄산음료를 마시고 맵고 짠 음식도 맘대로 먹고 운동도 게을리했다. 반년 만에 병원에서 몸 상태를 확인했더니 당 수치가 급격해 올라갔다. 먹던 약의 종류도 늘리고 삼 개월에 한 번으로 병원 진료도 늘어났다. 나만 그런 게 아닌 모양인지 주치의는 왜 이렇게 환자들이 약도 제대로 안 먹고 식습관도 안 바꾸는지 모르겠다며 혀를 찼다.

맞다! 식습관이 중요하다. 제아무리 약을 먹어도 식습관이 변하지 않으면 생체 시스템이 제대로 돌아오지 않는다. '내가 먹는 게 바로 나다.' 탄수화물과 설탕으로 범벅된 음식을 아무렇지도 않게 먹으면서 하루에 몇 알씩 먹는 약에 의존해서 건강을 회복할 수 있다고 믿는 건 오산이다.

약은 약일 뿐 건강을 보장해 주지 않는다. 반드시 식이요법과 함께 건강한 생활 습관을 길러야 한다. 너무도 상식적이어서 그렇게 마음에 와닿지 않을 것이다. 마치 건강해지려면 운동을 하라는 얘기처럼 들린다. 누가 그걸 모르나? 반문할는지 모르겠다.

건강도 습관이다. 몸에 좋은 음식을 먹고 꾸준히 운동하는 등 생활 습관을 변화시켜야 한다. 기분 내키는 대로 했다 안 했다 하는 운동은 하나 마나다. 오히려 운동에 대한 부담감만 늘어나고 급기야 운동에 염증이 생긴다.

독서도 마찬가지다. 주야장천 책만 사 놓고 시간이 없다는 핑계로 독서를 차일피일 미루다 보면 쌓여 있는 책더미에 스트레스만 받는다. 정작 시간이 나도 책을 읽기보다는 SNS 확인하느라 바쁘다. 책장 펴기가 역기 들기보다 힘들다. 그렇게 책 읽어야 한다는 부담감만 늘어간다.

익숙하지 않을 일을 할 때는 엄청난 에너지가 들게 마련이다. 당연히 처음 하는 일은 긴장도 되고 실수도 잦다. 그러다가 일이 손에 익게 되면 나름 재미도 붙고 요령도 생긴다. 숙련된 일은 크게 신경 쓰지 않아도 몸이 기억하여 재빠르게 반응한다.

생활의 달인들은 그 일을 십 년 이상 만 시간 정도를 소화해 낸 사람들이다. 박스를 접거나 떡을 빚거나 부품을 조립하고 물건을 옮기고 벽지를 바르고 페인트를 칠하고 고공에 매달려 창을 닦는 그 모든 일에 있어 달인은 일종의 리듬을 탄다.

순간 모든 일은 재즈가 된다. 악보대로 연주하는 건 초보다. 경지에 이르면 악보를 초월해 그 무드에 젖어 연주한다. 눈빛을 교환하고 흔들리는 몸짓에 반응하여 손을 놀리고 흥을 탄다. 기가 막히게 딱딱 들어맞는 리듬에 맞춰 춤추고 노래하며 한 덩어리가 된다.

끝 없는 도전

T1 챌린저스 팀 퍼실리테이션이 꼭 그랬다. 그건 하나의 재즈였다. 십 대와 이십 대 시절을 지나고 있는 선수들은 앳돼 보였다. 예의 바르게 꾸벅 인사하는 선수들 사이를 비집고 거실에 터를 잡았다. 영상 촬영팀은 내가 들어서는 순간부터 밀착 촬영을 시작했다.

모니터에 노트북을 연결하고 가치 카드를 진열하는 동안 선수들은 동그랗게 내 주위를 둘러싸고 앉았다. 몇몇은 긴장한 티가 역력했다. 코칭 스텝 중에는 LCK팀과 퍼실리테이션 때 이미 안면을 튼 사람도 있어 반가웠다.

분위기를 풀어 줄 요량으로 단 하나의 규칙을 얘기했다. '다른 사람이 이 워크숍에 참여하는 걸 방해하는 것 이외에 모든 건 허락된다.' 그러자 당장 두 다리를 쭉 펴고 앉거나 물을 마시는 시늉을 하는 사람이 보였다. 순간 분위기가 확 풀어지는 게 느껴졌다.

지난 삼 년 동안 LCK 팀과 퍼실리테이션을 하는 동안 놀라운 성과가 났다는 점을 나는 강조했다. 챌린저스 팀에게 그 얘기를 하는 순간 LCK 팀이 겹쳐 보였다. 불과 몇 년 전에 이와 비슷한 모습으로 난 LCK 팀과 조우했고, 지금은 레전드가 됐다.

챌린저스 팀은 의욕이 넘쳐 보였다. 누구 하나 허튼짓하지 않고 시작하자마자 몰입하는 바람에 당혹스러웠다. 훅하고 밀려 들어오는 느낌이 마치 며칠은 함께 워크숍을 진행한 팀에서 뿜어져 나오는 열기 같았다. 이건 뭐지? 챌린저스 팀은 결코 쉽게 넘어가는 법이 없었다. 한 단어 한 문장도 놓치지 않았다.

실로 집요하게 서로에게 그게 뭘 뜻하는지 묻고 또 물었다. 어떻게 이렇게 놀라운 집중력을 가지고 서로를 신뢰하며 끊임없이 자기 의견을 피력하고 조율해 나갈 수 있을까! 환상적인 팀워크다.

그들에게 나는 예언 아닌 예언을 했다. '오늘, 이 순간이 바로 우리 모두에게 훗날 전설적인 순간으로 기억될 것이다!'

이 장면은 고스란히 영상팀 카메라에 담겼다. 예정된 시간은 세 시간이었다. 그 누구도 세 시간이 지나는 동안 화장실조차 가지 않았다. 쉬자고 요청하는 사람도 없었다.

오히려 쉬면서 하면 어떻겠냐고 물어본 건 나다. 챌린저스 팀은 고개를 가로저었다. 물어본 내가 민망할 정도로 그들은 몰입하고 있었다. 시간은 세 시간을 훌쩍 넘어 네 시간째 접어들었다. 전지 위에는 팀 핵심가치가 빼곡히 정리되어 있었고 선수들은 식을 줄 모르는 열기 속에 문장을 계속해서 고쳐 나갔다.

이제는 가야 한다. 그들에게 나는 작별 인사를 했다. 떠나는 나를 뒤로하고 그들은 저녁 식사를 주문하고 그대로 그 자리에서 워크숍을 이어나갔다. 나중에 매니저에게 들은 얘기로는 끝끝내 팀 규율까지 완성하고 그날 워크숍을 마무리했다고 한다. 멋진 선수들이다. 알게 되어 얼마나 영광스러운지!**

몇 주가 지나고 나서 챌린저스 팀 매니저로부터 연락이 왔다. 들뜬 목소리는 분명 낭보였다. 그렇게 나는 챌린저스 팀

** 이 워크숍 이후 T1 홈페이지에 꿈을 찾는 '이방인의 꿈'이란 제목으로 워크숍 장면이 고스란히 담긴 동영상이 올라가 있다. 이 글을 쓰는 현재 조회수는 10만회이다.

의 승전보를 들었다. 지금까지 계속해서 좋은 성적을 거두고 있다는 소식이 들려온다.

'챌린저스는 무적이다!' 이대로 핵심가치와 규율로 무장되어 경기에 나가기만 한다면 패기 있는 도전자들은 언젠가 위대한 챔피언이 되리라! 나는 믿는다. 팀 시스템을 이해하고 이기는 습관을 기른 팀만이 승리를 맛볼 자격이 있다. 팀 가치에 헌신하고 서로를 신뢰하는 팀은 이미 하나다. 누구도 넘볼 수 없는 승리하는 팀이다.

2021년 LCK 팀이 13연승을 달릴 때 조쉬는 나에게 전화해 승전보를 알렸다. 덕분에 좋은 성적을 거뒀다며 조쉬는 감사 인사를 전했다. 오히려 나는 그런 영광스러운 자리에 불러줘서 고맙다고 서로 감격을 나눴다. 통화 이후 LCK팀은 전승으로 우승했다.

이기는 것도 습관이다. 이기는 습관을 만들어야 한다. 어쩌다 이기는 것이 아니라 반드시 이기는 승리에 대한 집념과 시스템이 필요하다. 승리에는 승리하는 시스템이 있게 마련이다. 이것이 내 믿음이다. 핵심가치에 따라 이기는 습관이 하나의 문화로 정착된 팀과 조직 그리고 기업과 사회만이 장애물을 극복하고 승리를 쟁취한다. 오랜 시간 동안 퍼실리테이션을 하면서 나는 이 문장으로 끝을 맺곤 했다.

> 핵심가치가 분명하여 선택의 순간 바른 결정을 내리는 팀.
>
> 불분명한 시장 상황과 환경에서도 포기하지 않고 미션에 미친 듯이 몰입하는 팀.
>
> 새로운 가능성을 탐색하고 회사와 조직을 살리는 아이디어를 환대하는 창조적인 팀.
>
> 함께 만들어 갑니다!

T1은 어떻게 위대한 이야기를 만났나

4 "내가 넘겨 줄게!" 페이커의 클라스

23년 롤드컵 준결승의 백미는 페이커의 "내가 넘겨 줄게!"로 팬들 사이에 두고 두고 회자되는 명장면이다. 1세트를 T1이 가져왔으나 상대인 징동 역시 만만치 않아 2세트는 징동의 차지가 되었다. 그리고 3세트에서도 T1은 초반에 잡은 승기를 지키지 못하고 징동에게 밀리게 된다. 해설진들도 곧 T1의 넥서스가 파괴-장기에서 장, 체스에서 킹을 잡는 것과 비슷하다- 될 거라고 말하는 순간 페이커는 팀원들에게 "내가 넘겨 줄게!"라고 말하며 앞장서서 T1을 공격하고 있는 '룰러'에게 접근한다.

롤에는 횟수가 제한되어 사용하는 점멸이라는 기술이 있는데 캐릭터가 이동할때 말그대로 깜빡 사라졌다가 나타나는 것으로 근접 전투시 중요한 기술이다. 페이커가 다가오자 '룰러'는 이 점멸 기술을 사용했는데 페이커가 룰러가 사라졌다 나타나는 지점을 정확히 예측하여 공격을 날렸고 룰러는 그 공격을 맞고 공중으로 떠오르게 된다. 이를 본 다른 팀원들이 룰러를 공격해 잡아내는데 성공한다. 그것으로 3세트는 완전히 뒤집혔고 4세트까지 잡아내며 결승에 진출하게 된다.

　　롤은 160가지 캐릭터의 특성과 캐릭터간의 상성을 머릿속에 그리며 하는 게임이다. 거기에 상대 플레이어의 성향까지 파악해야 하는데 페이커는 이 부분에서 세계 최고 레벨의 선수이다. 앞서 말한 그 수많은 데이터와 경우의 수를 계산한 예측으로 '룰러'를 잡아낸 페이커의 숙련disciple은 위대한 승리의 초석이 되었다.

5장 Song
삶을 경탄하는 리더

#Love my self #심리적지원

#놀이 #상상 #사람

영혼의 외침

철학자 한나 아렌트는 특파원 자격으로 예루살렘에 도착했다. 재판 현장에는 아우슈비츠를 만든 악마를 보기 위해 수많은 사람이 운집해 있다. 오랜 기다림 끝에 전범 아이히만이 호명되자 사람들은 잔뜩 기대한 눈빛으로 재판석을 바라봤다. 악마가 등장할 거란 예상과 달리 지극히 평범한 남성이 등장하자 참관석은 술렁인다.

전범 아이히만은 시종일관 예의 바른 태도로 성실하게 답변했다. 피고석에 악마는 없었다. 악은 지극히 평범했다. 직무에 충실한 공무원 아이히만이 성실하게 일한 결과는 대량 학살이었다. 유럽 사회는 충격에 빠졌다. 이웃에 교양 있는 성실한 악마가 산다는 사실에 경악했다.

한나 아렌트의 문제작 '예루살렘의 아이히만'은 악이란 문제를 정면에서 해부한다. 지극히 평범한 악! 아이히만은 상부에서 내려오는 지시를 효율적으로 처리한 성실한 공무원이었다. 끝내 자신은 무죄하다며 기소된 죄목 모두를 부인한 아이히만은 자신이 저지른 유일한 죄는 최선을 다해 직무를 수행한 것뿐이라 항변한다.

재판 과정을 취재한 한나 아렌트는 아이히만의 죄는 다름 아닌 생각하지 않는 죄, 그 태만이 죄라고 한탄한다. 생각하지 않고 위에서 어떤 지시가 내려오든 그것을 처리하기에만 바빴던 아이히만은 효율적으로 수백만 명의 유대인뿐만 아니라 독일 자국민까지도 학살했다.

죽음의 수용소에 갇힌 사람들은 이름을 잃어버렸다. 수치화된 이들은 번호로 관리됐다. 최종적인 해결책이란 그럴싸한 프로젝트명을 붙여 학살을 자행한 이들은 적극적으로 최신의 기술을 도입하여 효율적으로 일을 처리했다.

놀라운 속도로 학살은 진행됐고 아이히만은 최종적 해결책의 실행자로 승승장구했다. 그렇게 나치가 정권을 잡은 후 조직적이며 체계적으로 사람을 죽이기 위한 살인기술이 집약된 죽음의 수용소가 탄생했다.

전국을 연결하는 빠르고 효율적인 철도망을 통해 유대인과 장애인 그리고 나치에 반하는 사람들은 수용소로 끌려온다. 번호로 관리되는 집단 시스템은 수백만 명의 수용자들을 일사불란하게 모으고 흩어지게 했다. 공리주의가 낳은 괴물 파놉티콘은 죽음의 수용소에서 역사상 가장 효율적으로 작동한다.

본래 수에는 의미가 없다. 수를 나열하고 의미를 부여하는 건 인간이다. 그래서 '1'은 작은 수일 수도, 최고일 수도, 유일무이한 특별함일 수도, 홀로 남겨진 외로움일 수도 있다.

'하나밖에 없다.', '일등으로 들어왔다.', '세계 최초다.', '일인 가정이다.' 모두 '1'로 표현되나 뜻은 제각각이다. 숫자에 의미를 담아 그것에 메이는 건 인간일 뿐 수를 탓할 순 없다. 가치화된 수는 엄청난 힘을 갖는다. 비교 우위를 만들어 숫자 놀음에 빠져들게 한다.

돈은 모든 가치를 수로 환원한다. 이제 숫자는 단순한 기호나 상징이 아니다. 숫자에 사로잡힌 자는 모든 것을 수로 판단한다. 한 개, 두 개, 세 개 물건을 세다가 한 명, 두 명, 세 명으로 사람을 헤아린다.

감정도, 관계도, 심지어 영성도 수치화된다. 이제 측량할 수 없는 것은 없다. 모두 숫자로 바꾸면 된다. 수치화할 수 없는 것은 가치를 가늠할 수 없기에 관심 밖으로 밀린다. 교육의 질은 이른바 수도권 대학 진학률로 계량된다. 대학도 다를 바 없다. 취업률로 대학의 질이 판가름 난다.

"그게 돈이 돼?" 현대사회는 이 한마디로 정리된다. "좋아, 다 좋아 근데 그게 돈이 되나?" 돈은 이 시대의 캐논이다. 이 가늠자를 들이대면 모든 것은 숫자로 변화되는 놀라운 마법이 일어난다.

어떻게 포장하든 결국엔 돈이 되는 게 정의고 진리다. 뭐니 머니 해도 머니다. 가치화된 수인 돈은 살아남기 위한 유일한 수단처럼 숭배받는다. 결국엔 돈이 모든 영역을 지배하는 절대자 노릇을 한다. 기준은 오직 돈이 되느냐는 한가지다.

어디까지 망가지는지 끝을 알 수 없는 우리네 교육은 이제 보건 의료 분야에 잡아 먹힐 판이다. 소위 수도권 명문대학 이공계 학생들뿐만 아니라 과학자를 꿈꾸며 카이스트에 입학한 학생들마저도 의사가 되기 위해 학교를 그만두고 의대 입시를 준비한다는 얘기가 들려온다.

은퇴가 없는 안정적 수입을 보장하는 전문의 자격은 자녀를 둔 학부모들이 선망하는 직업이 된 지 오래다. 입시 트렌드에 누구보다 빠른 강남 학원가는 이미 초등 의대 입시 준비반을 만들었다. 자녀를 의대에 입학시키려는 부모들로 초등 의대 입시 준비반은 이미 만원이다.

이 글을 쓰는 현시점에 의대 정원을 늘리려는 정부와 그 안을 수용할 수 없다는 의료계가 첨예하게 대립하고 있다. 당장 이천 명으로 의대 정원을 늘리면 의료 교육 현장에서는 그 인원을 감당할 수 없다는 것이 의대 교수들의 항변이다.

정부는 의료 공백으로 지방에 거주하는 사람들이 고통받고 있는 현실과 십 년 뒤 빚어질 의료 서비스 수급 부족을 생각하라며 의료계를 압박하고 있다. 지방 의료 인력이 부족하고 십 년 뒤를 생각했을 때는 의대 모집 인원을 늘려야 한다는 여론도 만만치 않다.

그러는 동안 수술을 기다리고 있는 환자들은 애가 탄다. 연일 매체마다 제때 수술을 받지 못하고 고통받는 환자들의 사연이 줄을 잇는다. 한편에서는 부족하니 늘리자고 하고 다른 한편에서는 늘리는 것만 능사가 아니니 당장 의료 환경부터 개선하자며 힘을 겨루는 동안 환자들은 고통 속에 방치되어 있다.

의대 정원 문제로 옥신각신하는 문제를 다룬 르포기사에서 한 의대 교수는 의대 정원을 무작정 늘린다고 지방 의료 부족 문제가 해소되지는 않는다며 의료인으로서 소명 의식을 강조했다. 시스템을 손보는 것만으로는 결코 해결할 수 없는 지점이 있다는 사실을 현직 의대 교수가 증언한 셈이다.

수학능력시험에서 만점을 받고 의대에 재학 중인 남성이 여자친구를 무참히 살해했다. 언론에 의하면 우발적 살인이 아닌 자택 근처 마트에서 살인 도구를 미리 사고 갈아입을 옷까지 준비한 계획 살인이었다.

수치화된 의료 교육 현장에 소명은 자리 잡을 틈이 없다. 영혼을 잃어버린 채 시스템에 종속되어 숫자나 관리하는 자는 그 결과를 보고도 모른 체한다. 소명이 설 자리를 잃어버리는 동안 우리도 방관하며 지낸 것은 아닌지 반성해 볼 일이다.

속도보다 중요한 것은 방향이다. 결과보다 중요한 것은 과정이다. 숫자 이면에는 그 숫자로 담아낼 수 없는 영혼이 있다. 여기 사람이 있다. <u>어떤 것으로도 환원할 수 없는 인격</u>이 있다. 여기, 여기 사람이 있다.

질문 있어요!

부모와 어느 정도 대화하는지 한 방송국에서 아이들을 인터뷰했다. 부모와 자주 대화하는 사람 손 들라고 하자 초등학교 저학년 학생들은 대부분 손을 들었다. 이어지는 질문에 아이들은 부모님이랑 자주 얘기하고 같이 논다며 해맑게 웃었다.

초등학교 6학년 아이들은 절반이 손을 들지 않았다. 중학교 3학년 아이들은 몇몇이 손을 들었다. 고등학교 2학년 아이들은 단 한 명도 손을 들지 않았다. 고학년으로 올라갈수록 아이와 부모의 대화가 줄어드는 이유는 분명했다.

아이들은 한 입으로 말했다. 학년이 올라갈수록 부모는

공부했느냐는 소리밖에 안 하고 나에게는 관심이 없다. 아이들은 화가 나고 답답했던지 목소리 톤이 점점 올라갔다. 제발 자기 얘기를 들어달라는 하소연도 잇따랐다.

학원가가 밀집한 강남 어느 빌딩에서 학생들이 우르르 몰려나와 편의점으로 달려간다. 기자가 아이들에게 왜 이렇게 뛰어가냐고 물으니 다음 학원에 가야 해서 시간이 없다며 인터뷰도 급하게 마무리한다. 이제 갓 중학교에 입학한 아이들이었다. 늦은 밤까지 우리 아이들은 학원과 편의점을 전전하며 무엇을 배우고 있는가? 어린 나이에 입시 전쟁터에서 살아남기 위해 뛰어다니는 아이들의 피부에는 어떤 기억이 새겨질까? 밤새 의문은 떠나지 않았다.

고심 끝에 한 강연에서 이런 마음을 토로했다. 아이들이 편의점을 전전하며 혼자서 밥 먹고 학원 골목을 바쁘게 오가는 동안 인간에 대한 연민을 배울 수 있겠냐며 분통을 터뜨렸다. 강연이 끝나고 한 아이 아버지와 이야기를 나눴다.

주말 내내 학원을 보낼 수밖에 없는 입시 현실을 아이 아버지는 한탄했다. 아이 아버지는 아들이 제대로 된 식사를 했으면 하는 마음에 신용카드만 줬을 뿐 함께 식사할 생각은 못 했다며 긴 한숨을 내쉬었다. 이번 주말이라도 학원 근처에 가서 아들과 밥 한 끼라도 같이 해야겠다는 그 부성에 마음이 찡했다.

한국에서 태어났으나 입양 가족을 찾지 못해 미국 가정에 입양된 여학생은 하버드 대학에서 공부하고 있었다. 대학 캠퍼스 여기저기를 소개하는 여학생의 표정은 밝았다. 학내 유대인 커뮤니티를 안내하던 여학생은 자신도 그 일원이라고 했다.

유대계 이민자 가정에 입양되어 자란 여학생은 유대인으로서 정체성이 확고했다. 유대인으로 양육 받은 여학생은 반드시 지키는 가족 행사가 몇 가지 있었다. 그중 하나가 가족과 함께 하는 주말 저녁 식사였다.

가족은 주말 저녁 식탁에 둘러앉아 도란도란 얘기를 나눈다. 잠잠히 듣고 어땠는지 묻고 또 듣고 디저트를 먹고 또 얘기한다. '이렇게 가족과 함께 하는 저녁 식사 자리가 자신을 붙들어 줬다.' 얼굴을 마주하고 식사하는 자리는 그렇게 삶을 지탱해주는 든든한 버팀목 역할을 한다.

저녁 식사라면 우리나라에서도 한 정치인이 저녁이 있

는 삶을 캐치프레이즈로 내세워 화제가 된 적이 있다. 그만큼 우리나라 가정에서 함께 저녁을 보내는 일이 드물다는 방증일 것이다.

그놈의 스마트폰 덕분에 모처럼 모인 가족이 식사하는 자리에서도 대화가 이어지기란 힘든 것이 요즘 가정의 식탁 풍경이다. 관계에는 에너지가 든다. 아무리 가까운 관계라도 일단 만나면 에너지를 쓸 수밖에 없다. 사람은 본능적으로 자신의 에너지 수준을 알기에 희소자원을 관리하듯 에너지를 조절해서 쓴다.

'사랑의 다섯 가지 언어'와 '성공하는 사람들의 일곱 가지 습관'에는 이 원리가 자세히 설명되어 있다. 정서적인 자원은 쌓이기도 하고 빠져나가기도 한다. 두 책이 한결같이 강조하는 점이다. 정서적인 자원은 자동으로 채워지지 않는다. 누군가가 채워줘야 한다.

가족이나 친구 혹은 이웃이나 멘토로부터 정서적 자원이 채워지면 더할 나위 없다. 실상은 그 반대다. 가까운 사람을 만나면 멘탈이 탈탈 털려 괴롭다는 하소연이 많다. 사람을 만나 멘탈이 털리는 것이 아닌 정서적 에너지로 채워지려면 숙련된 기술이 필요하다. 이것을 우리는 '예의'라고 한다.

가족은 가족이라는 이유만으로 신경을 덜 쓴다. 남에게 해선 안 될 말이나 행동도 서슴없이 한다. 가족이니까 이러는 거라는 말로 시작되는 거침없는 참견은 진을 빼놓는다. 깜빡이도 안 켜도 갑자기 들어오는 오지랖에 한 번 그리고 거리조절에 실패해 두 번 좌절 한다.

집에서나 좀 편히 있자며 불쑥 내뱉는 '나 건드리마' 모드에 당사자를 제외한 모두가 불편하다. 한두 번은 웃고 넘긴다. 그것도 쌓이면 스트레스가 된다. 그러는 동안 가정은 안식처가 아닌 숨 막히는 곳이 된다.

크고 작은 분쟁을 겪고 나면 마음에 생채기가 난다. 말해봐야 소용없다는 인지 왜곡에 가까운 교훈만 얻은 채 대화는 줄어든다. "저는 직장을 두 곳 다니는 것 같아요" 코칭을 받던 한 직장인의 푸념이다.

퇴근하고 집에 가면 어머니가 직장 상사처럼 일거리를 던져 주듯 명령하는 바람에 쉴 틈이 없단다. '같은 말이라도 왜 그렇게 하는지, 자기를 왜 빚진 사람처럼 대하는지 모르겠다. 하려고 마음먹고 있었는데 시키면 기분 나빠서 안 한다.'

불만은 끝없이 이어졌다. 엄마랑 자주 부딪혀서 나가 살 고민 중이라며 한숨지었다.

코칭 장면에서 사 오십 대 중장년층을 만나면 빈번하게 받는 질문이 있다. 자라가는 자녀들과 대화하기 힘든데 어떻게 해야 할지 실마리를 달라는 것이다. 시원하게 답을 주면 좋으련만 뾰족한 답은 없으니 그때마다 나는 부모들에게 이렇게 되묻곤 한다.

"자녀들과 어떤 대화를 나누고 싶으세요?"

"어떻게 지내는지, 무슨 생각을 하는지 알고 싶어요."

백이면 백 반복되는 문답 패턴이다. 같이 사나 물리적으로 같은 공간에 있을 뿐 대화가 단절되니 서로 소식을 알 길이 없다. 입을 꾹 다물고 있으니 캐묻기도 힘들다. 섣불리 말을 걸면 불꽃이 튀니 서로 조심한다.

내 자식이지만 뭘 좀 알아야 도와주든 말든 할 텐데 말을 안 하니 답답해 죽겠다는 하소연이 이어진다. 답답한 부모 마음이야 모르는 바 아니지만 서두른다고 될 일이 아니니 우선 한 가지만 해 보라며 권한다.

"자녀와 대화할 때 호기심을 갖고 얘기해 보세요."

호기심 대화법은 내가 부모에게 내미는 궁극의 카드다. '나도 그 시절을 지내봐서 안다. 그런 생각해 봐야 별것 없다. 결국엔 이렇게 된다. 그러니 내 말을 들어야 한다. 내가 하라는 대로 해서 괜찮지 않았냐.' 내심 이런 생각이 부모의 마음을 가득 채우고 있으니 자녀들 얘기는 들어올 틈이 없다.

내 자식이고 나도 다 겪어 본 일이라 안다고 생각하며 대화를 시작한다. 궁금한 게 일(하나)도 없다. 해 줄 얘기만 잔뜩 있고 확인할 사항만 가득할 뿐 들을 얘기는 없다. '너는 어려서 아직 모르겠지만 세상이 그렇게 만만치 않고 나는 다 겪어봐서 안다'는 식의 태도에 자녀들은 말문이 막힌다.

<u>'무슨 얘긴지는 알겠는데 그거 아냐, 안돼!'</u>

이런 식의 대화가 몇 번 오가고 나면 자녀들은 슬슬 자리를 피한다. 자녀들이 되었건 동료가 되었든 팀원이 되었든 마찬가지 결과를 낳을 뿐이다. 다 안다는 식으로 대화를 시작하면 몇 마디 나눌 사이도 없이 일방적으로 얘기는 끝난다.

답은 이미 정해져 있어! 이른바 답정녀, 답정남들이 조직마다 상주한다. 의견을 달라면서 의견을 주면 그거 안 된다며 반대부터 한다. 회의 때는 뻔히 정해져 있는 답으로 몰고 가기

기술을 시전 한다. 몇 번 당하고 나면 입이 딱 다물어진다. 할 말이 없는 게 아니라 말해도 안 된다는 걸 알기에 가만히 있으면 가마니 취급을 당한다. 속이 터질 일이다.

갈등을 겪는 부부와 코칭을 한 적이 있다. 위기를 맞은 가족과 함께 코칭을 한 적도 있다. 부부도 가족도 자기들만 있을 때는 대화가 거의 없단다. 그러던 사람들이 코칭이 시작되면 주거니 받거니 살뜰하게 대화를 이어간다.

이렇게 이야기를 끌어내는 비결이 뭐냐고 묻는다. 다른 답은 없다. 우직하게 이거 한 가지만 민다. 호기심! 주야장천 호기심이라는 치트키 하나만 꺼내 든다. 염가에 드릴 테니 아니 그냥 드릴 테니 한번 써 보십사 그렇게 권해도 호기심 사용법이 그렇게 어려운가 보다. 관계의 기술에 있어서 이만한 비법이 없건만 시크릿 레시피를 그냥 내줘봐야 거들떠보지도 않는다.

멘탈 코치로서 프로와 아마추어를 가르는 기준은 무엇인가? 경청의 수준이다. 아마추어는 경청의 수준이 낮다. 그렇다면 경청의 수준이 높고 낮다는 건 무엇인가? 낮은 수준으로 듣는 건 정보를 받아들이는 정도에 그치는 표면적 메시지 수용이다.

그보다 한 걸음 나아간 중간 수준의 경청은 상대방이 말한 내용을 정리하여 듣고 상대방에게 되돌려 준다. 일명 재진술 기법이라고 하는 인터뷰에서 자주 쓰는 요약기술에 능하면 중간 수준은 된다고 볼 수 있다. 이 정도 수준은 되어야 경청이라 부를 만하다.

간혹 현장에서 재진술과 명료화 기법 등의 요약기술을 능숙하게 사용하는 코치들을 만나곤 하는데 이 정도 수준에 이르면 상대방과 주거니 받거니 대화가 끊이지 않는다. 경청기술에 능숙한 코치를 만나면 코칭을 받은 사람은 스스로 문제를 발견하고 해결책까지 찾아내 코칭 만족도가 높다.

마지막으로 높은 수준의 경청은 말하지 않은 것까지 듣는다. 발달심리학에서 말하는 발달에는 체계와 연속성이 있다. 순서와 패턴은 체계를 이루고, 앞서는 것이 뒤에 영향을 미쳐 연속성이 일어난다.

경청에서 뜬금없이 발달을 논하는 이유는 무엇인가? 높은 수준으로 경청하는 코칭 고수는 순서와 패턴과 연속성을 알아차리기 때문이다. 코칭 고수는 보이지 않으나 존재하는 발달 과정 전반을 통찰한다.

인간은 발달하는 과정 가운데 어느 지점에 놓여 있다. 그걸 알아채는 것이 절정 고수의 경청 수준이다. 본인에게 일어나고 있는 일은 정작 당사자는 알아채기 힘들다. 성장기에 있는 아이라고 해도 자신은 물론이거니와 함께 생활하는 가족은 아이의 변화와 성장을 알아차리기 어렵다.

마찬가지로 심리사회적 성숙은 오랜 시간 가까이 있는 사람은 알아보기 힘들다. 적절한 거리 두기에 능한 코칭 고수라야 이런 변화까지 눈치챈다. 여기서 한 걸음 더 나아가 영적인 차원의 성장까지 짚어낼 줄 알면 진정한 고수다.

신비에 사로잡힘

흔한 오해와 달리 비단 종교적 신앙만이 영적인 차원은 아니다. 욕구단계설을 주창한 심리학자 아브라함 매슬로우나 로고테라피 창시자 빅터 프랭클이 말한 영성은 종교성과 다르다.

매슬로우에게 영성은 초월하는 힘이다. 빅터 프랭클에게

영성은 의미를 추구하는 인간 본성이다. 표현은 다르나 결은 같다. 이 시대는 감정조차 뇌에서 일어나는 화학 반응으로 축소한다. 신경전달물질이 일으키는 화학 반응으로 환원된 감정은 조작할 수 있다. 감정에 영향을 주는 신경전달물질은 약물로 조절한다. 약물은 인체의 항상성 유지에 도움을 준다. 이른바 현대 정신건강 의학에서 말하는 정신과적 치료다.

이제 무엇인들 물질로 환원되지 못할 것이 있으랴. 실제로 종교적 체험을 할 때 활성화되는 뇌 부위를 찾았다고 해외 언론에서 화제가 된 적도 있으니 이제 모든 것은 최소 단위의 물질로 분해될 수 있을 따름이다.

과학주의는 결과를 낳는 원인을 찾는다. 원인을 찾아 원하는 결과를 만들어 내는 것이 과학의 힘이다. 과학의 영향력은 근세기에 무섭도록 강해졌다. 과학은 조작과 통제에 능하다. 많은 것을 통제권 아래 둔 과학은 이제 모든 영역 위에 군림하는 왕이다.

절대 권력 과학에 반기를 든 토마스 쿤은 무엇보다도 객관적이라 자신했던 과학조차 일정한 믿음에 바탕을 둔 세계관에 불과함을 과학사 연구를 통해 증명했다. 중립지대란 없다.

과학사가 토마스 쿤의 선언이다.

근대 과학혁명은 인류 진보에 엄청나게 이바지한 것 못지않게 커다란 상처도 남겼다. 지지부진하게 참호 속에서 일진일퇴를 반복했던 제1차 세계대전은 전방과 후방으로 나뉜 전투 지형이 명확했다. 전략이나 전술도 심지어 전투지마저 일정했다.

전쟁 양상은 제2차 세계대전에서 이전 어느 때와 비교할 수 없을 만큼 달라졌다. 과학혁명으로 인한 기술 진보가 엄청난 살상력을 지닌 무기들을 속속 만들어 내며 인류는 종말로 치달을지도 모른다는 두려움에 휩싸였다.

기술 진보에 대한 낙관론은 제2차 세계대전의 참화 속에서 급속히 냉각된다. 뛰어난 기술은 엄청난 파괴력으로 단시간에 수십만 명의 목숨을 앗아가고 돌이킬 수 없는 환경 파괴를 불러일으켰다. 기술은 사람을 살리는 쪽이 아닌 대량 살상의 길을 열어 놓았다. 천국문인 줄 알고 열었는데 지옥문이 활짝 열린 셈이었다.

과학주의는 인간과 물질 그리고 최종적으로 우주에 대해서도 명명백백하게 그 원리를 밝혀낼 수 있다고 믿었다. 원리를 찾아내 원하는 대로 통제할 수 있다는 자신감이 불러온 재앙은 현대사가 증명하는 그대로다.

애덤스가 주장한 보이지 않는 손을 믿는 경제학자는 이제는 없다. 이성적 판단으로 수요와 공급을 조절하는 경제시스템에 대한 환상은 오래가지 못했다. 그런데도 주식 시장을 예측할 수 있는 확률 게임으로 생각하고 뛰어드는 이들이 점점 늘어난다는 소식은 안타깝다. 이 또한 비합리적인 인간 본성을 드러내 주는 현상이리라.

인간은 합리적 존재가 아니며 과학은 모든 것을 판단하는 기준이 될 수 없다는 것이 근대를 지나온 인류의 정직한 고백이다. 정부에도 족쇄를 채워야 하는 것처럼 과학에도 족쇄를 채워야 한다. 공권력을 독점하고 있는 정부에 족쇄가 풀리면 리바이어던과 같은 무서운 괴물이 되어 사람들을 잡아먹을 수 있다는 교훈을 우리는 일찍이 역사에서 배웠다.

은유적 표현이 아닌 진정 하루가 다르게 발전하는 인공지능 기술은 놀랍다기보다는 두렵다. 인공지능이 인간의 지능을 뛰어넘는 기술적 특이점에 점점 가까워지고 있다. 어쩌면 지구상 어딘가에선 이미 특이점에 도달했을지도 모를 일이다.

매슬로우와 프랭클은 과학주의가 끝으로 향해 가면 이런 결과를 빚을 것을 예상한 선각자이자 예언자였다. 인간뿐만 아니라 자연 만물을 조작하고 통제하는 대상으로 바라보는 과학주의는 끝내 어디로 향해 갈 것인가?

인공지능 기술을 비영리화 하겠다던 오픈 AI 샘 알트먼은 별안간 천오백조 가량의 투자를 받겠다고 공언하고 전 세계로부터 러브콜을 받았다. 천문학적인 금액 앞에 인간을 AI로부터 지켜내겠다는 윤리적 명분은 무기력했다. 고삐 풀린 인공지능 경쟁에 전 세계 기업과 국가들은 사활을 건 IT 전쟁을 벌이고 있다.

어쩌면 전 세계가 자국 이익을 추구하며 AI 개발에 몰두하는 동안 우리는 영혼을 잃어가고 있는 건 아닌지 모르겠다. 빠르게 인간을 대체해 가는 인공지능과 로봇들을 보며 인간이란 무엇인가? 새삼 묻게 된다.

우리는 왜 존재하는가? 그렇다면 인간이란 무엇인가? '우리는 어디서부터 와서 무엇이며 어디로 가고 있는가?' 마치 프랑스의 인상주의 화가 폴 고갱의 작품 제목 같은 질문은 꼬리에 꼬리를 잇는다. 비단 신학자나 철학자 혹은 사회학자나 윤리학자가 좋은 세월 만나 한가하게 던지는 현학적이고 추상적인 질문만은 아니다.

우리는 인간론에 답해야 한다. 우리가 존재해야 하는 이유에 대한 답을 찾아야 한다. 아이러니하게도 최첨단 인공지능 기술이 창궐하는 시대에 순수한 '호기심'으로 인간에 대한 새로운 질문을 던지고 느리게 답해야 할 때가 찾아온 것이다.

아무런 전제도 덧입히지 않고 지금 여기 내 앞에 있는 존재에게 말을 건네야 할 때가 찼다. 인간은 그 무엇으로도 나눌 수 없고 다 파악할 수 없는 신비로운 존재다. 우리는 다 알 수 없다. 안다고 생각한 건 극히 일부에 불과하다. 존재를 우리는 다 알 수도 없거니와 다 알 필요도 없다.

존재는 우리가 꽉 잡아 움켜쥐고 흔들 수 없다. 오히려 존재는 순수한 호기심으로 다가설 때 우리에게 자신을 열어 보인다. 우리는 존재가 열어 보여주는 것에 놀란다. 존재와 존재가 연결되고 마주 선 우리 안에 노래가 터져 나온다.

경계가 열리고 수없이 많은 존재와 존재가 춤을 추듯 연결된다. 들판에 핀 저마다 색과 모양을 달리하는 꽃들처럼 존재는 우주라는 정원을 가득 채운다. 보고 놀라고 듣고 감탄한다. 나도 모르게 감탄사가 터져 나오고 알 수 없는 신비에 사로잡혀 두 손을 펼쳐 들고 환호한다.

생명을 노래함

예언은 성취됐다. 우리는 생명과 평화를 미리 맛볼 수 있다. 억지로 붙잡지 않아도 내 품으로 들어와 나와 연결된다. 소금이 음식에 들어가면 그 맛을 더하듯 존재와 연결된 나는 참다운 내가 된다.

우리는 그렇게 나다운 내가 되도록 그런 정의가 실현되고 마땅히 받아야 할 대접을 받는 그런 평화가 실현되도록 이 땅에 존재한다. 그 땅에는 평화가 있고 도처에 생명이 돋아난다. 그런 상상만으로도 마음은 충만하다.

그려낼 수 있다면 그렇게 살수도 있다. 그게 예언이다. 예언자는 상상을 전달한다. 상상은 두려움이란 감옥을 벗어나 현실을 넘어서게 한다. 예언자는 노래한다. 한 무리는 예언자의 노래에 두려움을 느끼고 한 무리는 예언자의 노래에서 희망을 발견한다.

상상은 현실이 된다

'라이프' 잡지 필름 인화 담당자 월터는 모험과 도전을 꿈꾸며 산다. 일상이나 업무 중에 상상 속 모험에 빠져든 월터는 고장 난 기계처럼 멈춰 설 때가 있다. 상상 속 월터는 영웅이 되어 시민을 구출하거나 극지 탐험에 나서기도 한다. 상상은 반복 되는 일상 속에서 월터의 유일한 탈출구다. 급변하는 미디어 환경 속에서 회사는 팔리고 구조 조정에 들어가 인터넷 잡지 로 전환을 꾀한다.

구조 조정 책임자인 신임 상사 테드 헨드릭스는 백일몽 에 빠져 멍이나 때리는 월터가 한심하기 그지없다. 종이 잡지 폐간을 앞둔 회사는 직원들을 필수와 비필수로 나눠 해고하려 든다. 한편, 전설적인 사진작가 숀 오코넬이 유종의 미를 거두 고 싶어 하는 임원들에게 삶의 정수를 잘 담아낸 25번 사진을 반드시 마지막 호 표지에 실어달라는 전보를 보낸다.

필름 담당자인 월터는 숀 오코넬이 보낸 필름 통과 마지막 선물인 지갑을 받는다. 지갑에는 라이프지의 모토가 새겨져 있다. 안을 보라는 숀이 남긴 쪽지대로 월터는 필름 통 안을 샅샅이 살펴보지만 통 안엔 삶의 정수가 담겨 있다는 숀 오코넬 최고의 작품인 25번 필름만 빠져 있다.

독촉하는 상사와 연락이 닿지 않는 숀 사이에서 고민하던 월터는 재무담당 직원 셰릴 멜호프의 도움을 받아 숀이 그린란드에서 머물고 있다는 사실을 알아낸다. 필름을 찾던 월터는 사진 속 숀이 자신을 초대하는 환상을 본다. 이번에는 상상에 그치지 않고 월터는 비행기를 타고 그린란드로 떠난다. 그렇게 '월터의 상상은 현실이 된다.'

그린란드에서 만난 술 취한 비행사가 조정하는 헬기를 타고 바다 한복판으로 가서 수중 낙하를 하고, 아이슬란드 화산 폭발 현장에서 롱보드에 몸을 맡겨 간신히 살아남고, 아프가니스탄 설산을 배낭 하나 메고 누비는 등 월터는 상상 같은 현실을 몸으로 겪어낸다. 월터는 마침내 눈표범을 찍기 위해 설산에 잠복하고 있는 숀 오코넬을 만난다.

"숀?"

"그래"

"저, 월터예요. 미티"

"월터 미티. 믿기질 않네. 여기까지 어떻게 올라왔어?"

"그냥... 당신을 찾았어요."

"앉아. 앉아서 숨 좀 돌려. 움직이지 말고, 알았어? 눈표
범이 있어. 저 산등성이에. 그러니까 아주아주 조용해
야 해. 일명 '유령 표범'이라 포착하기 쉽지 않거든"

"유령 표범이요?"

"아름다운 것들은 관심을 바라지 않지"

월터는 25번 필름을 찾지 못해 자신이 회사에서 난처한
입장에 처했다며 숀에게 하소연한다. 선물한 지갑 속에 25번
필름을 넣어 놓았고 쪽지를 남겨놓지 않았냐며 숀은 깔고 앉
은 것 속에 필름이 들어있다고 한다.

필름을 찾지 못해 화가 난 월터는 선물 받은 지갑을 휴
지통에 던져 버렸고 사진도 사라졌다. 자신이 그렇게 애타게
찾던 필름을 자신이 버렸다는 걸 알고 월터는 망연자실한 표
정으로 숀을 원망한다.

"미안해, 난 그저... 재밌으라고 장난친 거야"

"재미요? 도가 지나쳤죠!"

"그러네. 표지 사진이라고 말해야 했는데 그건 그렇고 나도 물어보자고. 지갑을 어쩐 거야?"

"버렸어요."

"이거 섭섭하네"

"지갑은 맘에 들었어요. 정말 고마웠고요."

"그래서 버렸어? 뭐였는지 전혀 모르겠군? 사진 말이야 유감이네. 최고의 작품이었는데"

월터와 숀이 얘기 나누던 중 눈표범이 나타난다. 가만히 눈표범을 관찰하던 숀은 망원카메라를 월터에게 양보한다.

"언제 찍을 거예요?"

"어떤 때는 안 찍어. 아름다운 순간을 보면 난... 개인적으로 카메라로 방해하고 싶지 않아. 그저 그 순간 속에 머물고 싶지"

"순간 속에 머문다고요?"

"그래, 바로 저기, 그리고 여기. 사라졌어, 갔어"

유유히 사라지는 눈표범을 아쉬운 눈으로 바라보던 숀은 외친다. 관심을 바라지 않는 아름다움은 그렇게 무심히 왔다가 사라졌다. 숀 오코넬 최고의 작품이자 삶의 정수가 담긴 어쩌면 라이프지 마지막 표지를 장식했을지도 모를 그 25번 사진이 너무도 궁금했던 월터는 숀에게 묻는다.

"무슨 사진이었어요?"

"유령 표범처럼 아름다운 것. 월터 미티!"

모험을 마치고 집에 돌아온 월터에게 어머니는 휴지통에서 주운 지갑을 건넨다. 지갑 속에서 필름을 발견한 월터는 필름을 회사에 넘기고 퇴사한다. 길을 걷다가 짝사랑하던 직장동료 셰릴을 우연히 만난 월터는 함께 걷다 마주친 가판에서 라이프 잡지 마지막 호를 발견한다.

'마지막 호를 모든 직원에게 바친다'는 글이 인쇄된 표지에는 회사 앞 계단에 걸터앉아 인화된 필름을 보고 있는 월터가 있었다. 아름다운 것은 관심을 바라지 않는다. 다만 그 자리에서 최선을 다해 살아갈 뿐이다. 표지는 말하고 있었다.

월터에게 우연과 실수로 시작된 여정은 상상을 현실로 경험하는 값진 선물이었다. 시인 천상병이 노래했듯이 어쩌면 인생은 소풍일는지도 모른다.

나 하늘로 돌아가리라

아름다운 이 세상 소풍 끝내는 날

가서, 아름다웠더라고 말하리라

천상병이 어떤 인생을 살았는지 아는 사람이라면 좋은 세월 보낸 백면서생의 시구절로만 읽히지는 않을 것이다. 동백림사건으로 모진 고문을 당하고 평생 후유증에 시달리며 살아간 시인의 슬픔을 넘어선 고백이 이 시에 담겨 있다.

새로운 가능성을 탐색

"상상할 수 없으면 희망도 없고 더 나은 미래를 그려 볼 수도 없으며 더 가고 싶은 곳도, 도달하고픈 목표도 없다."

트라우마 연구에 있어서 베셀 반 데어 콜크의 "몸은 기억한다"는 기념비적인 작품이다. 연구 내용 중 참전군인 21명이 투사 검사의 일종인 로르샤흐 검사를 받는 장면은 상상력과 관련해 많은 것을 시사한다.

스물한 명의 참전군인 중 열여섯 명은 색채 충격이라 불리는 두 번째 카드에서 한결같이 포탄이나 칼에 찔려 죽어가

는 시신을 떠올린다. 트라우마로 인해 그들의 정신적인 극장
에는 반복되는 전쟁 장면만이 상영된다. 다른 영화는 상영되
지 않는 오로지 한 영화만 상영되는 극장은 비참했다. 트라우
마는 참전군인들에게 지옥의 굴레에서 벗어날 상상력을 앗아
갔다.

다른 다섯 명은 아예 극장 스크린이 텅 비어 있었다. 잉
크 반점을 보고 트라우마가 심각했던 다섯 명의 군인은 아무
것도 떠 올리지 못했다. 끔찍한 장면이 반복되는 스크린을 스
스로 찢어 버린 것이다.

"상상력은 삶의 질을 좌우하는 결정적인 요소다."

상상하지 못하는 사람은 과거에 사로잡혀 벗어나지 못
한다. 꼬리에 꼬리를 물 듯 주인공은 반복되는 특정 시간대를
살아간다. 다른 날은 없다. 오직 그 한 날을 살아간다. 드라마
나 영화 속 주인공이 겪고 있는 타임 루프가 아닌 실제 트라우
마를 겪고 있는 열여섯 명 참전군인이 겪고 있는 심리적인 현
실이다. 나머지 다섯 명은 영화 상영마저 포기해 버린 처참한
삶을 살고 있었다.

상상력은 판에 박힌 일상을 벗어나 새로운 가능성을 탐

색하게 한다. 독재자들은 그래서 새로운 가능성을 노래하는 소설과 영화와 노래를 기를 쓰고 막아왔다. 그들이 죽이고자 했던 것은 새로운 세상을 꿈꾸는 능력이다.

가능성이 닫힌 인간은 그만큼 잔인해진다. 한정된 공간에 제한된 자원으로 살아갈 수밖에 없다는 결핍의 심리가 적자생존 논리로 이어지면 세상은 생존 투쟁의 장으로 변한다. 새로운 세상을 꿈꾸며 열린 공간에서 살아가는 이들에게 세상은 이웃과 나누고도 남을 만큼 자원이 풍족하며 광활하다. 풍요의 심리는 나그네를 환대하고 잔치를 벌여 길거리를 지나는 누구나 초대하여 잔치를 벌인다.

"해봐서 아는데 어차피 안돼! 그냥 하던 거 해." 무서운 말이다. "헛된 꿈 꾸지 말고 그냥 살아. 그나마 너는 복 받은 거야. 이나마 사는 게 어딘데. 요즘 세상에 할 일 있다는 것만 해도 어디야."

NO!! 그 영화는 상영 기간이 지났다. 스크린에서 내려온 지 오래다. '이제 우리 극장에는 다른 영화가 걸립니다. 이 영화는 한국 사람이 할리우드 영화에서 주인공을 차지하고 빌보드 차드에 한국 가수가 1위에 오릅니다. 아카데미에서 최우수

작품상을 받고 여우조연상을 받습니다. 아시아 여성 최초로 노벨문학상 수상자가 됩니다.'

'에콜라이트'에 배우 이정재가 출연한다고 소식을 듣고 나는 공개일이 기다려지는 한편 불안함이 밀려왔다. 뛰어난 연기력을 지닌 한국 배우들이 할리우드 작품에 출연하면서 악역이나 소모품 같은 역할을 맡아 소비되곤 했기 때문이다.

짜잔, 드디어 숨죽이며 에콜라이트 1편과 2편을 시청했다. 스타워즈 사가의 프리퀄인 에콜라이트에서 배우 이정재는 제다이 마스터 역할을 맡았다. 극의 중심을 이끄는 인물 솔을 열연한 이정재는 누가 봐도 에콜라이트의 주인공이다.

해외에서는 한참 전에 개봉한 스타워즈 시리즈를 TV 주말의 명화로 시청했던 어린 시절 나에게 한국 배우가 이 시리즈의 주인공이 될 거라 호언장담하는 이가 있었다면 난 말도 안 되는 소리 하지 말라며 윽박질렀을 것이다. 이 말도 안 되는 상상이 현실이 됐다.

전 세계인이 한국 드라마에 열광하고 세계적인 OTT 컨텐츠 회사는 한국에 천문학적인 금액을 투자하겠다고 약속하고, 한국 아이돌 그룹은 아시아는 물론 유럽과 미주 대륙까지 팬들을 몰고 다닌다.

애초에 이 꿈은 누가 꾸었는가? 바로 백범 김구다. 백범 김구는 대한민국이 문화로 존경받는 나라가 될 것이라 미리 내다봤다. 백범 김구는 독립된 조국을 살아가는 후손들이 전 세계를 누비며 우리 문화를 전파하는 장면을 앞서 보았다.

문화로 존경받는 나라를 꿈꾸던 백범 김구의 상상은 현실이 됐다. 2013년 8월 29일, 백범 학원과 김구 주택 터를 찾던 성동구는 금남시장 인근으로 확인된 자리에 기념비를 세운다. 어머니 곽낙원 여사의 유해 환국 봉안식에 들어온 부의금과 아들 김신의 결혼식 축의금 중 일부를 김구 선생이 희사하여 학생들을 위해 학원을 세우고 빈민들에게는 주택을 사서 내주었다.

"생일상을 차릴 돈을 나에게 달라. 그러면 내가 먹고 싶은 음식을 준비하겠다."

청년 동지들이 생일상 차릴 걸 미리 알았던 곽낙원 여사는 이렇게 말하고는 생일상 차릴 돈을 받아 독립운동에 쓰일 권총 두 자루를 사서 동지들에게 건넸다. 팔순에는 잔치 대신 만년필 오십 자루를 사서 청년들에게 나눠줬다. 독립을 위해 글로 투쟁하라는 의미였다.

대한민국 건국의 어머니다운 풍모다. 독립된 조국 대한민국의 기초를 놓은 인물이 백범 김구라면 곽낙원 여사는 조국 독립에 기초를 놓은 정신적 자녀들을 기른 참다운 독립의 어머니다.

어머니가 꿈꾸는 조국이 무엇인지 알기에 아들 김구도 부의금과 축의금을 아낌없이 조국의 미래 지도자들을 위해 내놓았다. 해마다 열리는 주민참여 사업에서 금호동 주민자치회 문화교육분과는 금호동에 살며 지역 역사에 관심 있는 주민들을 모아 '우리 동네 문화탐방 동네 한 바퀴'란 행사를 열었다.

행사를 준비하며 그동안 백범기념탑을 가리던 무분별하게 설치된 각종 입 간판을 구청에 건의해서 치우고 먼지가 쌓인 기념비를 물수건으로 닦고 주변을 청소했다. 쓸고 닦고 그야말로 광을 낸 덕분에 기념비가 제 모습을 드러냈다.

열심히 청소하는 우리에게 지나가는 사람들이 여기서 무슨 행사하는지 물었다. 돌아오는 토요일에 지역 역사 탐방이 있으니 참여 부탁드린다고 반가운 마음에 묻지도 않은 것까지 열을 올려 설명했다. 열댓 명이 토요일 오전에 모여 90

분 정도 지역해설사와 함께 동네 여기저기를 탐방했다. 백범 학원과 김구주택기념비가 첫 코스였다. 담당 공무원이 분과장 인 나에게 행사 취지를 말해달라기에 마이크를 잡았다.

"백범 김구 선생님은 대한민국 임시 정부의 수장이자 이 나라 건국의 아버지입니다. 이 기념비는 백범 김구 선생님께서 어머니 곽낙원 여사의 유해 환국 봉안식 부 의금과 아들 김신의 축의금을 모아 희사하여 백범 학원 과 백범 주택을 세운 것을 기억하고자 세워졌습니다. 백범 김구 선생님은 우리나라가 문화로 전 세계인에게 존경받을 것을 내다본 선각자셨습니다. 오늘 K-POP과 드라마는 전 세계인의 사랑을 받고 있습니다. 백범 김 구 선생님의 비전을 기념하는 장소가 우리 동네에 있다 는 사실이 너무도 자랑스럽습니다."

울컥한 마음을 가라앉히고 마이크를 지역해설사에게 넘 겼다. 기념비에 얽힌 이야기를 듣고 있노라니 기념비 위에 새 겨진 백범 학원에서 공부한 학생들의 사진과 만면에 미소짓는 백범 김구 선생의 얼굴이 겹쳐 보였다.

놀이가 제일 좋아

"철수야, 영희야 놀자"

학교에 가면 만나는 첫 문장이다. 우리는 놀이로 학습을 시작했다. 놀이는 가장 순수한 활동이다. 신학자 로마로 구아르디니는 '목적은 없으나 의미는 있다'는 한 문장으로 놀이와 예배의 공통점을 꿰뚫었다.

놀이에는 다른 것이 끼어들 틈이 없다. 놀고 있는 지금 여기에 집중한다. 심지어 공부하고 놀라는 잔소리를 들을 만큼 놀이는 여타 활동을 능가한다. 아이들은 놀기 위해 공부하고, 놀기 위해 잔소리를 감수한다.

아이도 어른도 놀고 싶어 한다. 차이라면 어른은 놀고 싶은 마음을 들키면 부끄러움에 얼굴을 붉히나 아이는 당당하게 말한다는 점이랄까. 놀이는 아이들이 누리는 특권이다. 동네 놀이터에서 아이들은 어울려 놀며 자란다. 놀이터는 아이들이 상상하고 미리 할 일을 경험해 보는 꿈을 실험해 보는 공간이다.

세상 모든 가르침 중에 최고봉을 일컫는 종교는 놀이에

가깝다. 세상 쓸데없는 게 종교다. '도가도 비상도 (道可道 非常道)'라 했던가. 쓸모없는 종교는 그 어떤 것에도 휘둘리지 않는다. 종교가 쓸모 있을 때 도둑놈들이 꼬인다. 악명 높은 중세뿐만이 아니라 어느 시대든 그렇다. 종교로 한몫 잡으려는 자들은 시대를 막론하고 이전투구를 벌이며 성직을 사고판다.

어디 서양만의 일이랴. 종교가 쓸 데가 많아지면 권력을 쥐려는 사람들이 쥐고 흔든다. 신라의 불교가 그러했다. 다른 종교는 말해 뭐하랴. 정치 권력과 결탁한 종교와 경제 논리에 물든 종교는 용도가 는다. 다용도가 된 종교에는 돈과 사람이 모인다. 고인 물은 썩어가듯 돈과 사람이 모이는 종교는 예외 없이 부패한다.

'문학이란 무엇인가?'라는 질문에 사르트르는 '쓸모없는 것'이라 답했다. 쓰임이 없는 글은 문학 자체로서 가치를 지닌다. 글이 쓰이려는 욕망에 굴복하는 순간 글은 홍보문이 되고 선전문이 되고 사용설명서가 된다.

쓰기 위해 쓰고 읽기 위해 읽는 글이 문학이다. 다른 쓰임이란 없다. 이렇게 묻는 사람이 없듯이 말이다. "왜 놀아야 해?" 놀이에는 이유가 없다. 그냥 노는 게 좋아서 논다. 다른 이유는 없다.

'노는 게 제일 좋아.' 반문할 사람이 누가 있으랴. 놀고 싶은 사람들 마음을 꿰뚫은 콘텐츠는 수년째 식을 줄 모르는 인기를 누린다. 교육방송 채널에 팽수가 등장하자 아이들뿐만 아니라 어른들도 열광했다.

탈 인형을 쓴 사람이 그 안에 들어가 있다는 걸 뻔히 알면서도 사람들은 팽수를 남극에서 온 펭귄으로 믿는다. 이 글을 읽는 누군가는 '탈 인형을 쓴 사람'이라는 말조차 부인할지 모르겠다. 이런 반응이 바로 제대로 노는 거다.

이렇게 반문할 수도 있겠다. "방금 쓸모없는 게 놀이라고 하고선 천문학적인 금액을 벌어들이는 캐릭터를 예로 든 게 적절하냐?" 일면 동의한다. 논리에는 어디나 허점이 있게 마련이니 물론 놀이에 있어 내 주장은 완벽하지 않다.

반론에 대한 반론은 이렇다. 놀이는 그 자체로써 의미 있을 뿐 다른 목적이 없을 때 놀이가 성립한다는 정도로 정리해 보자. 적어도 이 정도 수준에서는 합의 가능하리라 믿는다. 사람들이 놀이에 얼마나 진심이면 그 놀이가 지속하기를 바라는 마음으로 돈까지 내는 걸까?

"우리 가게는 잔치집이 콘셉이예요. 그래서 팔지 않고 드리는 겁니다." 폴앤폴리나 폴 사장은 이런 논리를 편다. 신입직원 교육할 때 제일 난관에 부딪히는 게 이 잔치집 콘셉이다. 다른 건 다 이해가 되는데 이게 납득이 안 된다는 직원들이 있다.

분명 돈 받고 팔면서 손님들에게 그냥 드리는 거란 게 말이 되느냐는 반론은 일리 있다. 자주 나오는 반론이니 나름 정리된 답도 있다. 우리 가게는 잔치집이다. 잔치를 벌였으니 손님을 초대한다. 원근 각처에서 초대받은 손님은 그냥 오지 않는다. 저마다 선물을 들고 오거나 때로는 축의금을 낸다. 우리 가게가 받는 돈은 그런 잔치에 온 손님들이 이 가게가 계속해서 잔치를 벌여달라며 내고 가는 돈이다.

억지 춘향이 같은 이 주장이 왜 이다지도 중요할까? 궁금하다면 당장 폴앤폴리나로 가보라. 그리 크지 않은 규모의 매장에 들어가면 제일 먼저 반기는 것은 컨시어지다. 손님을 맞이하는 직원은 큼지막하게 갓 나온 빵을 썰어 손님에게 대접한다.

손톱 정도 크기로 자른 여느 시식 코너 빵 조각이 아니다. 한 입 먹고 나면 빵을 안 사가도 될 정도로 큰 시식 빵을 보고 손님들은 놀란다. 따끈한 빵을 한 입 베어 문 손님들은 지갑 열기 바쁘다. 장사 천재 폴 사장은 여기까지 생각했던 걸까? 아마도 그랬을 것이다.

하루는 폴 사장이 나에게 폴앤폴리나를 경영해 달라고 부탁했다. 일주일쯤 고민하고 경영을 맡기로 한 후 삼십여 명 남짓 되는 직원들을 일일이 만나 얘기를 나눴다. 질문은 하나였다.

"폴앤폴리나에서 일하기로 마음먹은 계기가 있어요?"

답은 각양각색이었으나 맥을 같이 하는 한 가지가 있었다. 바로 제대로 된 빵을 만들고 싶은 바람이었다. 폴앤폴리나에 입사할 정도면 빵에 있어 초보자는 아니다. 어느 정도 숙련된 솜씨가 있어야 입사할 수 있다. 빵 종류가 많지 않고 단순한 식사 빵이어서 오히려 숙련도가 있는 직원이 필요했던 탓에 입사한 직원들은 이미 다른 곳에서 빵을 만들어 본 경험 있는 경력자들이 대부분이었다. 그런 직원들은 한결같이 프랜차이즈에서 일할 때 경험했던 것을 말했다.

공장에서 대량으로 생지를 가져다 쓸 때는 구워 나온 빵이 누구 솜씨인지 알아볼 수 없었단다. 폴앤폴리나에 와서 내 손으로 반죽을 빚어 오픈에서 빵을 구워내니 비로소 누구 건지 대번에 알 수 있었다. 내 손으로 빚은 내 빵, 내 작품이 그렇게 사랑스럽더란다.

예외 없이 직원들은 자기 손으로 빵을 만들고 싶어 했다. 생지를 쓰면 한꺼번에 많은 양의 다양한 빵을 간편하게 만들 수 있다. 하지만 그건 내가 만든 빵 같지 않았다. 효율성에 경도된 시스템 속에서 점차 빵에 대한 관심도 시들해져갔다.

'버터다가 더는 견딜 수 없어서 여기 왔어요.' 이런 증언을 여러 차례 듣고 나서야 나는 장인 정신이 얼마나 중요한지 새삼 깨닫게 됐다. 아무리 비싼 값을 치러 준다 해도 작품이 성에 차지 않으면 세상없어도 내어주지 않는 게 장인 정신이다.

아이러니하게도 명품이란 애초에 값을 생각하지 않고 만들었기에 명품이란 타이틀을 얻었을 것이다. <u>값을 받고 팔려는 마음이 앞서면 명품을 만들기 어렵다.</u> 지금 시중에서 팔리는 명품은 애초에 장인이 만든 작품에 스토리를 붙여 파는 마케팅 전략으로 거둔 성공일 뿐 명품에 깃든 장인 정신은 증발해 버린 지 오래다.

작가에게 작품은 최종적인 결과물일 뿐 과정에서 들어가는 품이 무엇보다 소중하다. 작품을 만드는 장인 눈에는 광기가 서린다. 전쟁이 나도 모를 만큼 미친 듯이 몰두한다. 무언가에 미친 듯이 몰두한 사람에게는 예식을 집행하는 성직자에게서나 볼 수 있을 법한 아우라가 있다.

그런 예식이 벌어지는 공간은 구별된 성소가 된다. 눈으로 볼 수도 확인할 수도 없으나 공간에는 분명 변화가 일어난다. 가까이 다가서면 어떤 떨림이 느껴진다. 감히 범접할 수 없는 성소에 멋모르고 들어선 두려움 같은 것이 엄습한다.

장인은 성직자가 되고 작업은 전례가 된다. 작품은 예식으로 승화된다. 이 모든 과정에서 장인은 논다. 열심히 미친 듯이 놀고 또 논다. 원 없이 놀고 나니 힘이 생겨 작품에서 손을 놓지 못한다. 쉬었다가 하라고 하면 되레 화를 낸다.

장인에게 작업을 쉬라는 얘기는 놀지 말라는 얘기와 같으니 얼마나 심통이 나겠는가. 아이뿐만 아니라 어른도 놀고 싶다. 아, 진심으로 놀고 싶다!

필즈상을 받은 프린스턴 대학교 김준이 교수는 한 방송사 프로그램에 출연해 동료 수학자들의 이런 일화를 털어놨다. '돈 안 줘도 난 수학을 할 것 같아. 그런데 돈까지 받으며 수학을 할 수 있으니 감사하지.' 이런 고백을 하는 수학자들에게 수학은 신나는 놀이다.

물론 그들은 교수로 학생들을 가르치는 일을 하기에 돈을 받는다. 그러면 수학은 그들에게 돈을 벌어주니 쓸모 있는 게 아닌가. 일리 있다. 그러면 돈을 안 주면 그들은 수학을 멈출 것인가? 아니다. 그래도 그들은 수학으로 놀 것이다.

그들에게 수학은 잔치다. 새로운 문제를 내고 해법을 찾아낸다. 수학이란 잔치상이 풍성해질수록 그 잔치는 대성공이다. 수학자들이 미친 듯이 몰입하며 수학이란 잔치를 계속 벌여나갈 수 있도록 원근 각처에서 축의금을 보낸다. 이것이 수학이란 세계다.

몰입하는 일은 점점 놀이에 수렴한다. 다른 수단이나 목적이 끼어들지 않으니 그 자체로 충분하고 만족스럽다. 이걸 끝내고 뭘 해야지 이만 건 없다. 그러니 끝내고 싶지 않다. 영원히 이 순간이 지속하기를 바랄 뿐이다. 놀이란 그런 것이다.

신학자 구아르디니에게 예배란 쓸모를 따져보지 않고 빠져드는 놀이다. '세상과 나는 간 곳 없고 구속한 주만 보이도다'라는 옛 찬송가는 순수하게 예배에 몰입한 예배자의 고백이자 놀이에 빠져들던 한 인간의 탄성이다. 지금, 이 순간 여기 이 자리로서 충분하다. 다른 무엇도 필요하지 않고 충만하다.

놀이는 새로운 공간을 창조한다. 땅바닥에 선하나 그어 놓으면 온갖 상상력이 활개 치는 공간이 창조된다. 장난감 밥상을 갖다 놓으면 순식간에 아이는 엄마와 아빠가 된다. 장난감 소방차가 나타나면 순식간에 소방관이 된다.

땅을 파고 물을 부으면 우물이 된다. 돌을 쌓으면 성이 된다. 장난감 칼을 들고 미끄럼틀 위로 올라가면 그곳은 거대한 성채가 된다. 야트막한 모래 언덕은 우주가 되고 강변은 끝없는 대양으로 변한다.

놀이는 세상을 새롭게 보게 한다. 무엇이든 세우고 무너뜨리고 다시 세운다. 창조하고 변화된 세상은 어떤지 미리 맛볼 수 있는 놀이는 현존하는 마법이다.

궁극의 경지에 오른 대가는 잘 논다. 융은 휴양 간 바닷

가에서 모래성을 쌓고 놀았다. 심리학의 새로운 지평은 놀이를 통해 열렸다. 지금도 융이 논대로 모래놀이 상자에서 아이들은 놀면서 회복된다. 놀이는 세계를 창조하는 힘이 있기에 놀면서 아이들은 심리적 세계를 재건한다.

카라얀에게 지휘는 놀이다. 홀린 듯 지휘봉을 흔드는 모습은 놀이에 몰입한 아이 같다. 피카소는 그림을 가지고 놀았다. 입체를 평면에 표현하려 비틀어 펼쳤다. 미술계 거장들의 작품에는 놀이의 흔적이 역력하다.

일이 경지에 이르면 놀이가 된다. 아니 본래 일은 놀이였다. 우리가 생계를 걸고 하는 일에는 놀이 요소가 하나씩 숨겨져 있다. 노동가치설에 의하면 일은 무언가에 가치를 더한다. 씨를 뿌리고 수확하여 빻은 밀가루에 이스트를 넣고 빵을 구워내고 거기에 햄과 야채를 곁들여 잠봉베르를 만든다. 작업 단계마다 노동이 더해져 한 끼 식사를 책임질 음식이 탄생한다.

놀이에도 품이 들어간다. 일정한 규칙을 익히고 놀이만이 지닌 패턴을 읽어 낼 줄 아는 능력이 있을 때 제대로 놀이를 즐길 수 있다. 프로 스포츠 대부분이 본래 놀이였다. 어울려 놀기 위해 일정한 규칙을 마련하고 어기면 페널티를 주고 지키면 보상이 따르기도 한다.

게임을 하다 보면 죽기도 하고 살기도 한다. 목숨이 여러 개이기도 하고 팀이 살면 나도 산다. 물론 그 반대도 성립한다. 놀이에는 죽고 살고 화를 당하고 복을 누리기도 하는 등 온갖 세상사가 깃들어 있다.

놀이 치료 전문가들은 아이들이 노는 모습을 보며 아이가 평소에 부모와 다른 아이들과 어떻게 지내는지 알아낸다. 아이들은 모래 상자 안에 자기 마음이 투영된 세계를 창조한다. 마음속 세상은 때로 두렵기도 하고 황량하기도 하나 아이가 노는 동안 마음속 세상에 온기가 들고 나무가 자라고 물이 흐르고 생명이 돋아난다.

꿈꾸는 별들 교육 연구소 이신혜 대표는 아이들과 오감 놀이를 한다. 색종이는 꽃비가 되어 흩날리고 박스는 성벽이 된다. 아이들은 놀이를 통해 다양한 정서를 경험하고 표현하며 친구들 마음을 이해하고 연결되어 자란다.

충만한 영혼

"시간이 이렇게 흘렀어요? 한 시간 정도 흐른 줄 알았
는데 시간이 이렇게 된 줄 몰랐어요."

보통 한 세션이 세 시간으로 구성된 미션 퍼실리테이션
을 마칠 때쯤 나오는 반응이다. 무슨 강의를 세 시간씩이 나
들으라고 불렀느냐는 불만 섞인 표정으로 모였던 참석자들은
언제 시간이 갔냐며 홀린 듯한 표정으로 워크숍을 마무리한
다.

그때마다 나는 국물 한번 맛보고 진실의 미간을 드러낸
후 쉴 틈 없이 마지막 한 숟가락까지 비워 낸 접시를 바라보는
요리사가 된 심정이다. 옆에 있던 담당자는 이럴 줄 알았으면
대표님 말대로 네 시간으로 잡을 걸 그랬다며 놀라워한다.

"제가 말씀드렸지만 세 시간 정말 금방 갑니다. 아쉽지
만 이제 끝내야 할 것 같습니다. 원하신다면 저는 밤새
워 할 수 있으나 여러분도 저도 집에 가야겠죠?"

포만감에 더할 나위 없이 너그러워진 표정으로 후식을
기다리는 손님들처럼 참석자들은 마지막 피드백 시간을 기다

리고 있었다. 무언가 함께 해냈다는 뿌듯함과 하나가 된 일치감이 공간을 가득 메운다.

여섯 시간이 됐든 여덟 시간이 됐든 아니면 열두 시간이든 나는 논스톱으로 퍼실리테이션을 할 수 있다. 나에게 퍼실리테이션은 놀이이자 예배다. 일단 퍼실리테이션이란 바다에 뛰어드는 순간 환상적인 물속 풍경에 시간 가는 줄 모른다.

내가 진행하는 워크숍에는 단 하나의 규칙밖에 없다. 다른 사람이 이 워크숍에 참여하는 걸 방해하는 행동 외에는 그 어떤 것도 허용된다. 사람들은 이 단 하나의 규칙을 좋아하고 진지하게 따른다.

한번은 고등학생들이 참여하는 퍼실리테이션을 이끈 적이 있다. 아이들은 이 규칙을 듣고 그대로 바닥에 누워 버렸다. 다른 학생들의 공간은 침범하지 않고 자신의 자리를 지킨 채 세상 편하게 눕는 것이다.

보통은 이렇게 나오면 강사로서 주눅이 든다. 나는 웃음이 났다. 진짜 노는 게 이런 거구나. 한 수 배웠다. 그날 아이들은 날개를 단 것 같이 워크숍에서 신나게 놀았다. 기발한 아이디어들이 나오고 서로에게 배우며 하나가 되어나가는 그야말로 예술적인 순간이었다.

이렇게 멋진 아이들을 우리 속에 가둬 놓고 고삐를 채워 놨구나. 얼마나 답답했을까! 안타까운 마음이 들었다. 본래 규칙이 제정된 의도를 상실한 채 오히려 일에 방해가 되는 규칙이 너무 많다. 심지어는 왜 하는지 이제는 아는 사람 하나 없는 지금까지 해왔으니 하고 있다는 조직 내 전통도 많다. 거침없이 나아가야 할 때 이런 전통 아닌 전통이 조직의 기세를 꺾어놓는다.

왜 워크숍을 진행하면서 음식이나 간식을 먹으면 안 되나? 다른 사람과 얘기 좀 하면 어떤가? 화장실이 급한데 강사에게 물어보고 가야 하나? 다른 사람은 어떻게 하나 보고 싶은데 좀 돌아다니면 안 되나? 다 된다. 민법, 형법, 헌법 그 어디에도 워크숍에서 뭘 먹거나 옆 사람과 얘기하거나 화장실에 다녀오면 벌금 혹은 금고형에 처한다는 법은 없다.

다른 사람이 워크숍에 원활하게 참여하는 것에 방해되는 것 외에는 다른 모든 것이 허용된다. 나는 이 규칙을 아우구스티누스에게 배웠다. '하나님을 사랑하라! 그 외에 모든 것은 마음대로 하라!' 신학자 폴 틸리히는 전 세계 인구 80억의 얼굴이 바로 하나님의 얼굴이라고 했다. 임마누엘 레비나스도 타인의 얼굴에서 하나님을 보는 것이 윤리의 핵심이라 강조한다.

이웃의 얼굴에서 하나님을 발견하고 사랑하는 것 외에는 규칙 없음이 바로 퍼실리테이션의 유일한 규칙이다. 이 규칙 하나만 가지고도 사람들은 신나게 논다. 사랑은 사람에게 자유를 선물한다. 사랑에 메이면 다른 모든 것으로부터 자유로워진다. 반대로 사랑을 잃어버린 자는 모든 것에 메인다.

"싸우지 말고 사이좋게 놀아!" 친구들과 놀러 나갈 때 이 땅의 어머니들은 단 하나의 규칙만을 일러둔다. 세상살이 원리가 이 한마디에 들어있다. 막상 놀아보면 이 한마디가 금과옥조임을 깨닫는다. 사람을 살리는 법은 단순하면서도 유연하다. 나사렛 예수도 "너희가 안식일을 위해 있는 것이 아니라 안식일이 너희를 위해 있는 것"이라며 안식일의 참뜻을 일깨우셨다.

한번은 어떤 기관에서 관계에 관한 강의를 해 달라고 해서 윤가은 감독의 '우리들'이란 영화 한 장면을 보여주고 얘기를 나눴다.

운동장에서 아이들은 피구 짝을 찾는다. 하나둘 짝을 이루고 선만 홀로 남는다. 어쩔 수 없이 자기 팀에 선을 끼워 준 아이들은 선이 선을 밟았다고 선을 선 밖으로 쫓아낸다. 학급에서 선은 어디에도 속하지 못한 채 가장자리를 맴돈다.

그런 선과 달리 친구들에 둘러싸인 보라는 학급의 중심이다. 보라를 동경하는 선은 호시탐탐 보라의 옆자리를 노린다. 기회란 것이 선에게도 찾아왔다. 보라에게 교실 바닥에 떨어진 생일 초대 카드를 주워주자 보라는 자기 대신 교실 청소를 해 주면 생일 파티에 초대해 주겠다고 제안한다.

생일 파티에 갈 생각에 들떠 교실 청소를 하던 선은 문밖에서 서성이는 아이를 발견한다. 다음 학기부터 같은 반에서 지내게 될 지아를 선은 그렇게 처음 만난다. 보라는 선을 골탕 먹이려고 엉뚱한 집 주소를 알려주고 선은 보라에게 선물하려 직접 만든 팔찌를 들고 쓸쓸히 뒤돌아선다.

집으로 가던 선은 길을 헤매고 있는 지아를 만나고 둘은 그렇게 친해져 방학 동안 둘도 없는 친구 사이가 된다. 선이네 집에 놀러 간 지아는 엄마와 다정하게 지내는 선을 보고 질투가 인다. 부모님이 이혼하고 할머니 손에 자란 지아는 선이네

집이 부럽기만 하다.

학원에 다니면서 보라와 가까워진 지아는 선을 점점 멀리한다. 전학 온 첫날 지아는 선을 외면하고 보라에게 인사를 건넨다. 어느새 보라와 친해진 지아는 선에게 눈길조차 주지 않는다.

전에 다니던 학교에서 따돌림을 당했던 지아는 전학 온 학교에서 같은 일을 당하고 싶지 않았다. 행여나 따돌림을 당하고 있던 선과 친하다는 사실이 다른 아이들에게 알려지면 전과 다를 바 없이 지내야 한다는 두려움 때문이었을지도 모른다. 선은 다시 지아와 친하게 지내고 싶으나 동상이몽인 듯 둘 사이는 점점 더 멀어진다. 살아남으려는 지아는 선을 멀리하고 권력의 중심인 보라와 가깝게 지낸다.

선은 다시 외톨이가 된다. 지아를 되찾고 싶었던 선은 엄마의 지갑에 손을 대고 그 돈으로 비싼 선물을 사서 지아를 찾아간다. 이런 선의 노력도 무색하게 지아 생일 파티에는 보라가 먼저 와 있었다. 지아는 선을 집안으로 들이지도 않고 그대로 내친다.

이제 선은 지아가 밉다. 우연히 지아에게 일등을 빼앗겨

울고 있는 보라를 보고 선은 다가가 지아 험담을 한다. 보라는 선과 지아 사이를 오가며 비밀을 퍼뜨리고 마침내 둘은 몸싸움까지 벌인다. 대판 싸우고 집에 온 선은 친구에게 맞아 얼굴에 상처 난 동생 윤이에게 친구 연우랑 놀지 말라며 윽박지른다.

"그럼, 언제 놀아?

연우가 때리고, 나도 때리고, 연우가 때리고

그럼, 언제 놀아? 난 그냥 놀고 싶은데"

운동장에서 다시 피구 경기가 시작된다. 아이들은 지아가 선을 밟았다며 선 밖으로 내보내려 한다. 이때 선이 나서서 지아가 선을 안 밟았다고 옹호한다. 자신이 똑똑히 봤는데 지아는 선 안 밟았다고 확실히 말해둔다.

"그럼, 언제 놀아?" 윤이 대사에 웃음이 터진다. 다투고 화해하는 것이 일상다반사다. 관계가 복이 되기도 하고 독이 되기도 한다. 살면서 마음에 생채기가 나기도 한다. 그렇다고 계속 싸우기만 하면 나는 누구랑 노나? 그냥 난 놀고 싶은데 말이다.

마음 맞는 친구 하나 있으면 운동장을 가로질러 뛰기만

해도 재밌고, 철봉에 매달려 세상을 거꾸로 보는 것만으로도 웃음보가 터진다. 세상 살다 보면 마음 안 맞는 이가 한둘은 있게 마련이다. 설령 마음이 맞더라도 하나 정도는 의견이 비켜나갈 때도 있다. 그때마다 다투고 토라지면 같이 놀 사람이 없다. 그런대로 괜찮은 사람이면 된다. 나에게도 남에게도 완벽이란 없다.

그날 워크숍 참여자들에게 영상 보고 느낀 점을 하나씩 적어달라고 부탁했다. 어른들에게도 관계는 밀린 숙제처럼 느껴졌던지 쉽사리 적지 못하는 분들이 많았다. 넉넉히 시간을 주고 기다리자 하나둘 자리에서 일어나 한 단어나 한 문장이 적힌 포스트잇을 화이트보드에 붙이기 시작했다.

러빙핸즈에서도 멘토와 멘티는 같이 밥 먹고 음료를 마시고 길을 걷고 놀이터에서 논다. 얘기하고 듣고 걷고 함께 밥을 먹고 그냥 논다. 그렇게 열 번 스무 번을 만나면 아이들 마음에 햇볕이 든다. 주변 사람들이 아이가 달라졌다며 놀란다.

놀 사람이 없어 아이는 심통이 난 거다. 충분히 놀고 난 아이는 제 할 일을 한다. 어른이라고 다를까. 지쳐 맥이 풀리고 세상 까칠한 어른도 마음이 맞는 친구와 어울려 놀고 나면 언제 그랬냐는 듯 활기가 돈다.

강의가 끝나자 질문이 이어졌다. 스트레스가 많은데 어떻게 관리하고 그런 상황에서는 어떻게 관계를 풀어가야 하냐는 질문이 이어졌다. 스트레스는 안 받을 수가 없다. 스트레스가 있고 없고가 아니라 내 안에 심리적 자원이 얼마만큼 채워져 있어 스트레스 상황에서 이것을 견뎌낼 수 있는지 없는지가 문제라고 했다.

심리적 자원이 가득 차 있으면 그걸로 스트레스를 이긴다. 그러나 내 안에 심리적 자원이 부족하면 작은 스트레스에도 쉽게 무너진다. 심리적 자원을 채우는 것이 스트레스 관리에 있어 관건이다. 우리 내면에 심리적 자원을 가득 채우려면 놀아야 한다.

노는 동안 우리 영혼은 충만해진다. 친구들과 건강하게 어울려 놀 때 심리적 자원은 확보된다. 너른 마음으로 사람들과 어울려 놀 때 나와 좀 다른 이들도 품을 만큼 마음이 넉넉해지는 법이다.

경탄하는 삶

"Magnus es, Domine, et laudabilis valde"*

노교수는 물끄러미 학생들을 바라봤다. 반세기 동안 강의했던 교정에 잠시 눈길을 두던 노교수는 이내 눈을 감았다. 아우구스티누스의 고백록을 다 다루지 못한 아쉬움 그리고 끝까지 자리를 지킨 학생들에 대한 고마움에 노교수의 목소리는 떨렸다.

강의가 끝나갈 무렵 노교수는 모두 자리에서 일어나 달라고 요청했다. 지금까지 강의로는 고백록을 다 담을 수 없노라며 노교수는 '우리 함께 하나님을 찬양합시다!'하고 힘차게 손뼉을 쳤다. 흡사 커튼콜처럼 끊이지 않는 박수 소리가 잔잔하게 교정에 퍼졌다.

유난히 햇살 밝던 서대문 감리교신학대학 어느 강의실에서 내가 겪은 일이다. 그때 실이 하나로 꿰어지듯 신학이란 찬양으로 귀결되는 것임을 문득 깨달았다. 신학이란 정보에

---

* "오, 주님! 당신은 위대하시니 크게 찬양을 받으실 만합니다."

능숙해진 종교 전문가로서가 아닌 다 알 수 없는 신비에 다다른 한 인간으로 나는 거기 서 있었다.

서대문에 있는 감리교신학교에서 선한용 선생님을 뵙고 마지막 수업을 청강한 건 2014년 늦봄 무렵으로 기억한다. 선생님은 시카고 대학에서 현대신학의 거장 폴 틸리히 문하에서 수학한 후 고국에 돌아와 아우구스티누스 연구에 있어서 독보적인 성취를 거둔 세계적인 신학자였다.

고백록을 혼자 접근하기란 쉽지 않다. 누구나 알고 있으나 누구도 읽지 않는 걸 고전이라 했던가. 내게는 고백록이 그랬다. 신학 과목에서도 철학 과목에서도 심지어 정치학과 심리학에서도 빈번히 인용되는 고백록은 당시 내 독서목록엔 없었다.

고백록은 그저 교부 신학자나 혹은 인문학자들이 취급하는 문헌쯤으로 생각했다. 인문고전 강의가 이런 내 생각을 송두리째 바꿔 놓았다. 공립도서관에서 진행한 인문학 강좌는 나중에 책으로도 묶여 나왔다.

인문고전 강의에서 강유원 선생님이 고백록 번역본을 추천할 때 선한용 선생님 이름을 처음 들었다. 역시나 고백록은 혼자 읽기 어려웠다. 몇몇 구절은 마음에 와닿았으나 전체 내용을 파악하기는 어려웠다.

아득하여 잡히지 않는 고백록 구절 사이를 헤매던 나는 평소 알고 지내던 목회자에게 이런 사정을 털어놓았다. 이게 웬걸! 자기 스승이 선한용 선생님이라며 반색하는 게 아닌가.

덥석 손을 잡고 선생님 한번 뵙게 해달라며 통사정을 했다. 호기롭게도 그 자리에서 선생님께 전화를 드린 목회자는 내친김에 선생님의 마지막 강의 청강 허락까지 받아냈다. 강의는 이미 중반으로 가고 있었으나 특별히 허락을 받아 서대문 감리교신학교를 처음으로 방문했다.

강의 전에 선생님께 인사를 드리고 적당히 중간 자리에 앉았다. 힘 하나 안 들이고 툭툭 치는 것 같은데 담장으로 공이 넘어가는 걸 보는 기분이랄까. 분명 선생님은 편안하게 대화하듯 말씀하심에도 불구하고 내 속에서는 불이 일어났다.

한편 너무도 아쉽고 질투가 났다. 이런 강의를 첫 시간부터 계속 듣고 있는 학생들이 부러웠다. 한술 더 떠서 선생님 제자인 목회자는 이 강의를 벌써 세 번째 듣고 있다고 하니 질투는 강의실 천장을 뚫고도 남았다.

강의가 끝나고 학생들이 하나둘 빠져나간 강의실에 선생님 제자와 나는 남아 있다가 선생님께 인사를 드렸다. 맑고 평안한 얼굴로 선생님은 반갑게 인사를 받아주셨다. 선생님의 보폭에 맞춰 교정을 느긋하게 걸어 내려오며 나는 강의 때 궁금했던 걸 여쭤봤다. 그때마다 망설임 없이 선생님께서는 질문의 핵심을 가르는 명쾌한 답을 주셨다. 녹음을 할 수 있었더라면 좋았으련만 그때는 그럴 생각조차 못 했다.

우리는 교정을 내려와 학교 근처 식당에서 굴국밥을 먹었다. 대접하겠다는 말씀을 몇 번이나 드렸으나 꾸짖음만 당하고 늘 얻어먹었다. 선생님은 아우구스티누스를 학자로서 연구했을 뿐만 아니라 본으로 삼고 살아가고 계심이 분명했다. 사랑과 찬양의 신학자 아우구스티누스는 그렇게 선생님을 통해 내 인생에 들어왔다.

Love my self

벼르고 벼르던 공연이었다. 티켓이 오픈되기 무섭게 예매를 마쳤다. 토요일 늦은 오후 공연장으로 가는 길은 설렘으로 가득했다. 듣던 곡이 나올지도 모른다는 기대감에 가는 길 내내 정밀아의 노래를 들었다.

얼굴이 새겨진 티, 4집 리버사이드 음반, 노트 등이 티켓 부스 앞에서 어서 사가라며 나를 유혹했다. 못 이기는 척 리버사이드 음반을 하나 골라잡았다. 운이 좋으면 사인을 받을 수 있으리라. 양손에 티켓과 음반을 쥐고 지하 공연장으로 내려갔다.

이미 어둠이 내린 듯 공연장 안은 무대를 제외하곤 캄캄했다. 겨우 자리를 찾아 앉아 보니 적당히 무대가 눈에 들어오는 명당이었다. 무대는 대여섯 명이 올라가면 가득 찰 정도로 작았다. 아담한 무대에는 이미 악기가 세팅되어 있었다. 주인을 기다리는 악기는 지루해 보였다.

객석에 홀로 자리 잡은 나는 어쩔 수 없이 옆에서 들려오는 잡담을 참고 듣는 수밖에 없었다. 맥락을 알 수 없는 얘기에 빵빵 터지는 웃음소리를 듣고 있자니 갑자기 쓸쓸해졌다. 아무 내용도 없는 스마트폰 화면을 뚫어지게 쳐다보며 남의 얘기를 엿듣자니 괜히 일찍 왔나 싶어 마음만 심란했다.

홀로 공연을 찾아다니는 이들에게 기다림의 시간은 언제나 고역이다. 아득한 영겁의 시간이 지날 무렵 연주자들이 느린 걸음으로 무대에 등장했다. 시큰둥한 표정이 내 마음과 같아서인지 연주가 기대됐다. 연주자들과 달리 가볍게 뛰듯 무대에 등장한 주인공은 해맑게 웃으며 관객에게 인사를 건네고 노래를 시작했다. 아는 노래 반 모르는 노래 반이 지날 무렵 '꽃'이란 제목의 곡이 연주됐다.

예뻐서가 아니다

잘나서가 아니다

다만 너이기 때문에

네가 너이기 때문에

보고 싶은 것이고 사랑스런 것이고

안쓰러운 것이고

끝내 가슴에 못이 되어 박히는 것이다

이유는 없다

있다면 오직 한 가지

네가 너라는 사실!

네가 너이기 때문에

소중한 것이고 아름다운 것이고

사랑스런 것이고 가득한 것이다

꽃이여, 오래 그렇게 있거라.

　노래가 끝나갈 무렵 나는 두 볼을 타고 흘러내리는 눈물을 연신 닦아내고 있었다. 나는 내 모습 이대로 가득한 것이구나. 여기에 무언가 더 보탤 것도 없이 이 모습 그대로 괜찮다는 안도감이 밀려왔다.

　그 이후 공연은 기억이 흐릿하다. 이미 마음은 찰 만큼 차올라 다른 노래는 들어오지도 않았다. 그냥 지금 이대로 좋았다. 모든 것이 가득하고 아름다웠다. 늦은 저녁 간간이 들려오는 버스 소음마저 사랑스러웠다. 공연장 밖에는 이미 사인을 받으려고 기다리는 줄이 길게 늘어서 있었다. 얼른 기다림의 대열에 끼여 늘어가는 줄을 바라보고 있자니 주인공이 나타났다.

　리버사이드 음반을 내밀고 공연 잘 봤다고 인사하자 주인공은 오늘 가사 많이 틀렸다며 미안해했다. 나에게는 아름답고 소중하고 가득한 공연이었기에 아니라고 좋은 공연이었다고 감사하다는 말을 건넸다. 여름밤은 그렇게 깊어만 갔다.

"모든 심리이론은 창시자의 자기 고백이다."

프로이트가 한 말이다. 교수는 영어로 프로페서 (professor)고 이는 라틴어 프로페시오(Professio)란 단어에서 유래했다. 교수는 고백하는 자다. 자기 고백록을 쓰는 이가 교수다. 그런 의미에서 심리학 이론은 프로이트의 말대로 이론가의 자기 고백이다.

상담심리대학원 첫 학기 첫 수업에 훤칠하게 키가 큰 사람이 성큼성큼 교단에 올라섰다. 척 봐도 조교 같아서 오리엔테이션이 시작되나 보다 했다. 자신을 조용주 교수라 소개한 이는 보드마커를 들고 화이트보드를 세 구역으로 나눴다.

인간론, 이론의 핵심, 치료 방법으로 구획된 칸마다 이제 내용이 하나씩 들어갈 참이다. 연식이 좀 되어 파워포인트는 쓰지 않는다며 일필휘지로 적어 내리는 강의 내용은 마법 같았다. 이제까지 내가 만난 교수 중에 최고의 명강의였다.

십육 주 내내 감탄하며 강의를 들었다. 한 문장으로 요약되는 그날 강의는 한 주 내내 마음을 사로잡았다. 기승전결, 명품 드라마 같은 구성으로 다음 회차 구매 버튼을 누르게 만드는 신비한 강의였다. 대학원생들은 숨소리마저 죽여가며 강의를 들었다.

당연히 강의에 있어 백미는 인간론이었다. 프로이트, 아들러, 융은 건너뛰고, 스키너, 로저스가 이해한 인간론이 좍 펼쳐졌다. '인간 이해가 달라지면 치료 방법도 달라진다.' 한 학기 동안 배운 내용을 한 줄로 요약하면 그렇다.

무의식적 욕망에 이끌리는 존재, 열등감을 극복하고 공동체에 이바지하고자 하는 존재, 학습을 통해 감정까지 조작할 수 있는 존재, 무한한 성장 가능성을 지닌 존재로 수업마다 인간 이해는 넓어지고 다양해졌다.

그대, 소명이 있는가?

학부 시절 꽤 아껴 읽던 책의 저자여서 실망감이 더 컸는지도 모르겠다. 한동안 그의 책은 거들떠보지도 않을 만큼 화가 났으니 말이다. 사건은 이른바 VIP로 초대받아간 어느 명사의 인터뷰를 겸한 포럼에서 일어났다.

'소명'이란 주제로 이런저런 얘기가 오갈 무렵 문득 내 안에 의문이 생겼다. 이른바 그 '소명'이란 것이 무슨 일을 하는 것을 의미한다며 아무 일도 할 수 없는 사람에게는 '소명'이 없단 말인가?

여러 가지 사정으로 생산적인 활동을 할 수 없는 사람에게 소명은 무슨 의미일지 궁금했다. 진심으로 알고 싶었기에 평소에 나답지 않게 손을 들고 질문했다. 통역을 통해 내 질문을 전해 듣던 명사는 표정이 굳어지고 얼굴색이 변하기 시작했다. 당황한 기색이 역력했다. 순간 나는 뭔가 잘못됐다는 걸 직감했다.

아니나 다를까. 통역하는 과정에서 단단히 오해했던 모양인지 명사는 방어적인 태도를 보이며 자신을 공격하는 나의 태도를 나무랐다. 황망한 마음을 다잡느라 시간이 어떻게 지나갔는지도 모르겠다. 모임에 초대한 사람은 나를 위로하기 바빴고, 몇몇 지인들도 모임이 끝나자마자 내게 다가와 괜찮냐고 물을 정도였다.

나중에 전후 사정을 듣고 나서야 어느 정도 마음이 진정됐다. 명사는 이 포럼에 참석하기 전에 이미 여러 차례 한국 독자와 만난 자리에서 책 내용 중 일부를 왜곡해서 이해한 이들에게 공격을 받아 마음이 상한 상태였던 모양이다.

나를 초대한 지인은 아마도 통역 과정에서 오해가 생긴 것 같다며 자신이 명사를 만나 얘기해 보겠다고 했다. 마음 써 주는 것만으로도 고맙다며 나는 그 자리에서 명사를 만나 단판 지려는 지인을 말렸다.

그렇게 끝난 줄 알고 그날 기억이 희미해져 갈 무렵 지인으로부터 연락이 왔다. 명사에게 사과 메일이 왔다는 것이다. 답답한 마음에 지인이 그날 질문에 담긴 본뜻을 설명하는 메일을 명사에게 보냈던 모양이다.

메일을 받은 명사는 통역 과정에서 서로 오해가 생긴 것 같다며 너그럽게 이해해 달라는 사과 메시지를 보내왔다. 사과는 받았으나 지금까지도 그때 통역이 뭐라고 했기에 이런 사태가 났는지는 모른다. 다만 '소명'이란 주제를 다른 각도로 볼 수 있는 소중한 계기가 됐다. 덕분에 책 한 페이지를 장식하는 에피소드를 간직할 수 있게 된 것 또한 사실이다. 이것만으로도 마음고생은 상쇄하고도 남는다.

가수 정밀아가 노래한 나태주 시인의 '꽃'이야 말로 '소명'의 진수를 보여준다. '다른 이유는 없다! 네가 너이기 때문에 너라서 아름답고 소중하고 가득한 것이다!' 이보다 더 삶의 본질에 다가선 문장을 나는 만난 적이 없다.

내가 나답게 존재하는 것만으로도 우리 소명은 이루어진 셈이다. 이것을 깨닫고 감탄하는 사람이야말로 '시인'이고 '소명자'다. 자기착취마저 서슴지 않는 '피로사회'에서 우리는 무언가를 잘해야 쓸모 있고 소중하고 가치 있는 존재로 대접받는다.

'Begriff.' 독일어로 '개념'을 뜻한다. 'griff'는 움켜쥠을 뜻하고 'Be'는 강조형 접두어다. 정리해 보면 개념이란 무언가를 꽉 움켜쥐는 것이다. 신을 개념화하면 신학이고, 인간을 개념화하면 인간론이 되는 셈이다.

존재는 신비를 빼앗겼다. 다 안다고 생각하기 때문에 더 알려고 하지도 않는다. 밀려드는 정보 홍수 속에 무엇을 받아들이고 말아야 할지 다가오는 AI 시대를 살아가는 우리는 판단조차 어렵다. 이성으로 움켜쥘 수 없는 것은 위험하다. 현대 사회는 조바심을 내며 모든 것에 대한 모든 정보를 확보하고 움켜쥐려 한다.

하나의 세계가 나머지 세계를 잡아먹는 형국이다. 단일한 사고로 무장한 특정한 신념이 다른 영역을 식민지로 만들어 제국처럼 군림하려 한다. 알 수 없는 것 그래서 움켜쥐어지지 않는 것은 현대인들의 신경증을 자극한다.

어떤 형태로든 환원하여 그 원인을 규명하려는 이른바 과학적 사고방식은 불안을 먹고 산다. 때로 그대로 내버려 두고 감탄해야 할 대상이 있다. 다 알 수 없어 그저 바라보며 찬탄할 때 빛나는 가치가 있다.

우리는 놀라운 존재다. 우리를 둘러싸고 있는 모든 것들은 신비로 가득하다. 호기심을 가지고 다가서자. 우리가 만든 안전한 공간에서 마음껏 뛰놀며 한 번도 가보지 못할 길에 한 발 내디뎌 보자.

T1은 어떻게 위대한 이야기를 만났나

5 경이롭다면 탄성을 질러라.

'오프더레코드'는 선수들이 게임을 하면서 나눈 대화를 보여주는 컨텐츠이다. 그 장면들을 보고 있으면 긴박하게 돌아가는 경기 중간의 모습이 그대로 나오기에 선수들의 성향을 더 잘 볼 수 있는데 T1의 오프더레코드를 보다보면 한가지 재미있는 것이 있다. 상대팀에 대해 '잘한다.' ,'너무 힘들다.'라는 대화를 하는 것을 자주 볼 수 있다. 또한 T1 선수들은 강한 팀과 상대하는 것, 강한 원딜을 꺾는 것은 언제나 재미있는 일이라는 인터뷰도 자주 하는 것을 볼 수 있다. 게임 스포츠라는 특성 때문에 그럴 수도 있겠지만 어떤 재미있는 것도 일이 되고 자신의 커리어가 걸리면 더 이상 재미도 없고, 즐기지 못하는 것이 사람이다. 상대팀에게, 우리 동료들에게 경탄하면서 즐기는 팀이 진짜 강팀이고 위대한 팀이다.

저자소개

최현락

심리상담사, 비지니스 리더십 코치, 퍼실리테이터이자 목회자. 사람과 사람을 연결시키며, 공감과 소통을 통해 개인과 조직의 잠재력을 발견하고 성장하도록 이끈다. 그가 가장 중요하게 생각하는 것은 핵심 가치의 발견과 공유이며, 이를 통해 문제를 해결하고 발전해나갈 수 있는 힘을 누구나 가지고 있다고 믿고 실천하고 있다.

가톨릭대학교 상담심리대학원에서 상담심리를 전공한 뒤, 이탈리안 레스토랑 비아 37의 이사, 폴앤폴리나의 리더십 코칭 및 경영 자문을 맡았다. e스포츠 팀 T1의 멘탈 코칭을 맡아 세계대회 2연패의 기반을 닦았고 현재는 러빙핸즈 퍼실리테이션 연구소 소장이자 벽산그룹 포힘컨설팅의 코치로 활동하고 있다.